冬奥小学

一起向未来

薛 东 ◎ 著

知识产权出版社
全国百佳图书出版单位
—北京—

图书在版编目（CIP）数据

冬奥小学：一起向未来 / 薛东著 . —北京：知识产权出版社，2023.12
ISBN 978-7-5130-8947-0

Ⅰ.①冬… Ⅱ.①薛… Ⅲ.①冬季奥运会—体育文化—小学教育—研究—北京 Ⅳ.①G811.212-4②G629.281

中国国家版本馆 CIP 数据核字（2023）第 194694 号

内容提要

北京市石景山区电厂路小学在奥林匹克教育特别是冬奥教育方面成绩斐然，2019年入选北京2022年冬奥会和冬残奥会奥林匹克教育示范学校，2020年入选全国青少年校园冰雪运动特色学校。本书回顾电厂路小学冬奥教育历程，展示在冬奥教育中电厂路小学学校、教师、学生取得的成绩；介绍中国中小学奥林匹克教育微学院及工作开展情况；通过电厂路小学学生一幅幅冬奥创意作品，展示"小小冬奥博物馆"的建设成果。

本书适合中小学师生、教育管理者和相关研究者阅读。

责任编辑：安耀东　　　　　　　　责任印制：刘译文

冬奥小学—— 一起向未来
DONG'AO XIAOXUE——YIQI XIANG WEILAI

薛 东 著

出版发行	知识产权出版社 有限责任公司	网　址	http://www.ipph.cn
			http://www.laichushu.com
电　话	010-82004826		
社　址	北京市海淀区气象路 50 号院	邮　编	100081
责编电话	010-82000860 转 8534	责编邮箱	anyaodong@cnipr.com
发行电话	010-82000860 转 8101	发行传真	010-82000893
印　刷	天津嘉恒印务有限公司	经　销	新华书店、各大网上书店及相关专业书店
开　本	720mm×1000mm　1/16	印　张	8
版　次	2023 年 12 月第 1 版	印　次	2023 年 12 月第 1 次印刷
字　数	117 千字	定　价	88.00 元

ISBN 978-7-5130-8947-0

出版权专有　侵权必究
如有印装质量问题，本社负责调换。

序 一

皮埃尔·德·顾拜旦在《体育颂》中提出"体育，你就是培育人类的沃地"，鲜明诠释了奥林匹克运动的本质是教育的深刻内涵。在奥林匹克运动百余年的发展历程中，教育始终相伴、一路偕行，奥林匹克运动会打造成体育盛会的同时，也塑造成为教育盛会，为世界向着和平、美好愿景发展注入不竭动力。

一百多年前，随着奥林匹克运动传入中国，我国的知识分子和青年学生对奥林匹克运动的教育价值寄予厚望，期冀以此唤醒国人的强国精神，遂在《天津青年》上向社会、向中国、向中华民族发出振聋发聩的"奥运三问"：中国什么时候能参加奥运会？中国什么时候能获得奥运会金牌？中国什么时候能举办奥运会？这三个问题照亮了我国近现代体育发展的历程，也展现了中国由弱变强的历史巨变。

在中国共产党的带领下，"奥运三问"逐步得以解答。1984年，许海峰的奥运首金标志着我国在强人如林的世界奥林匹克运动奖牌争夺中"站"起来，2008年中国作为东道主成功举办北京夏奥会标志着我国在协作共赢的世界奥林匹克运动赛事发展中"富"起来，2022年中国再次作为东道主成功举办北京冬奥会标志着我国在持续发展的世界奥林匹克运动中"强"起来。通过参加、举办奥运会，强国意识逐步深入人心，人民精神面貌得到彻底改变，国家发展也步入新的历史阶段。

新阶段，新征程，奥林匹克的教育功能也随国家发展发生价值转向。实现人们对美好生活需要的追求、促进人的全面发展成为当代奥林匹克教育的核心价值。学校作为奥林匹克教育的重要阵地，连接着奥林匹克教育的本土价值与全球理想，彰显着国家对奥林匹克运动的开放和包容，已然成为奥林匹克运动全球治理一线的重要存在。

　　石景山区电厂路小学在薛东校长带领下，主动承担奥林匹克教育转向的光荣使命，向着奥林匹克教育标杆学校不断前进。学校创新性建立"五育并举，全面发展"课程体系，采用"文化·情境"育人模式，全面融合冰雪运动和奥林匹克教育，形成独具特色的奥林匹克教育课程，完善和丰富了小学课程供给，提升了国际化办学水平和教学品质，为促进学生的全面发展提供了卓有成效的奥林匹克教育方案。薛校长及其同人展现出的奥林匹克教育情怀与责任，让我们看到了新时代奥林匹克教育的典范与榜样，更见证了奥林匹克中国化发展的无限可能！

　　希望未来的青年，在更具国际化视野的教育环境中，以奋发的姿态助力中国屹立于世界强国之林，为构建人类命运共同体释放青春能量！

全国校园冰雪运动专家委员会专家

国际雪联自由式滑雪国际 A 级裁判

北京体育大学教授

邱招义

2022 年 10 月

序 二

初识薛校长是在冬奥会申办成功后，与北京几位志同道合的奥林匹克研究者共同建的交流群里。在随后将近七年的交流与实践中，薛校长及石景山区电厂路小学的冬奥故事、奥林匹克教育故事、围绕冬奥和奥林匹克运动开展的教学活动经常从各种渠道涌来，丰富多彩不拘一格，却又各有特色相得益彰。作为奥林匹克运动的研究者，当我看到这些自发有序而又蓬勃开展的以奥林匹克为主题的教育一线实践活动时，不禁感到耳目一新，而对于活动的发起者和组织者，更是心生佩服、肃然起敬。

因此，当薛校长联络我为这本新书作序时，我在感到荣幸的同时，也是忐忑的：不知自己能否从一个成年人的视角，读懂并领略孩子们最直接、最纯正的奥林匹克教育风貌。

各国奥林匹克教育的开展与传播，大致有三条途径：一是在奥运会主办国或奥林匹克运动的积极参与国，由政府或官方主导的奥林匹克教育活动；二是由大学或学术机构开展的奥林匹克教育学术研究活动；三是由教育一线工作者自发开展的民间奥林匹克教育活动。由官方主导的活动往往受限于时效性，难以实现长期发展的教育目标。学术机构的研究则更多偏重于理论层面的探讨，在一定程度上缺少实践工作的基础。而第三条路径则很好地弥补了前两者的短板，既在稳定的教育环境中长期开展奥林匹克教育活动，又可以反哺学术研究，为其提供坚实的实践基础。而薛校长和石景山区电厂路小学可爱的孩子们，正是第三条途径的践行者。

奥林匹克教育的本质是育人之道。它发于体育，又高于体育；它倡导身体与意志的进阶，又追求人格的卓越与升华。这恰恰与我国近年来所倡导的青少年素质教育不谋而合。润物细无声，在平凡中见真章地持之以恒，才是奥林匹克教育的发展与成功之路。无须劲风席卷一时，而将微风常拂面颊。石景山区电厂路小学的师生们正沿着这条路，在后奥运的大时代中稳步前行。

在我的脑海里总是闪现出这样的画面：在冰天雪地的荒原上，一群孩子在快乐而奋力地奔跑，他们都带着光，通体明亮。前方本没有路，但他们不惧怕，也不退缩，他们心里是暖的，奔向无尽可能的未来。这不正是奥林匹克教育在中国大地的写照吗？

希望这群带着光的孩子继续奔跑，并照亮更多与他们一样自由、憧憬着无限未来的纯真笑脸。

让奥林匹克之光延伸。

全国中小学奥林匹克教育专家委员会专家

东北师范大学

俞晓威

2022 年 10 月

序 三

北京 2022 年冬奥会和冬残奥会的成功举办，不仅为中国冰雪运动的普及和提高带来了积极而深远的影响，也为奥林匹克教育在中国的可持续发展注入了活力。

奥林匹克教育从根本上讲，是以青少年为主要的目标群体，通过体育运动传播奥林匹克价值的教育活动。奥林匹克运动的核心价值基于体育运动进行传播，但并不局限于体育课和学校体育活动。通过"跨学科""跨课程"学习和整合，可以将体育运动与其他学科内容有机结合，运用各学科的知识和方法学习和理解体育，在这些实践活动中实现奥林匹克价值。

北京市石景山区电厂路小学开辟了中国冬奥教育"跨学科""跨课程"教学实践的先河，实现了冰雪运动文化的全学科融入。

在科学课中融入冰壶的内容，结合小学五年级科学课教材中涉及摩擦力的相关知识，教师引导学生通过木块模拟冰壶、桌面模拟冰面进行实验与测量，分析摩擦力对冰壶比赛的影响，使学生不仅更好地理解了科学知识，也加强了对冰壶这项运动的理解；在美术课上，通过引导学生设计冬奥会吉祥物，促进他们了解冬奥会的历史，学生们在设计、修改自己的创作中更深入地了解奥运精神，增强对祖国历史和文化的学习，不仅提高了美术素养，也提高了创作的自信心；英语教学组研发的校本课程"冬奥英语戏剧"融入体育国际化教育，激发学生的各种潜能，发展了他们的创造力和想象力，拓宽了国际视野，提升了英语口语表达能力，等等。

电厂路小学在薛东校长的带领下，经过七年的精耕细作，打造出奥林匹克教育的本土化模式，其冬奥教育的历程和成果成为中国奥林匹克教育示范校和冰雪运动特色校的重要遗产，为奥林匹克教育提供了可推广、可复制的鲜活经验。

奥林匹克教育的实施只有注重体育与现实生活的联系，加强学校、家庭、社会和社区的联动，才能实现青少年终身体育参与的良性循环。期待电厂路小学在后冬奥时代进一步提升奥林匹克教育课程化、"家庭—学校—社会"联动化，开拓"姊妹校"国际交流，可持续塑造奥林匹克教育的中国典范。

首都体育学院教授　李捷
2022 年 10 月

前　言

适合学生的教育是最好的教育。有实力的孩子才会拥有自信。

我愿做孩子们翅膀下的风,支持他们向更广阔的天地翱翔。

2013年8月28日,我来到北京市石景山区电厂路小学担任校长。角色转变,从副校长成为校长,这一干就是十年。

电厂路小学坐落在石景山区西部,1984年建立,前身是石景山发电厂子弟小学。由于地理位置、生活环境、家庭背景等多方面原因,学生们拥有的成长空间十分有限,缺乏更广阔的视野和资源,因而普遍不自信,不善表达。但是,他们简单、乐观、友善,特别是具有吃苦精神,只是需要教育"燃灯者"为其照亮前路,从而迎来并把握住更多的发展机会,在"一起向未来"的征程中,一样会绽放令人惊喜的光彩,会"飞"得更高。

基于现状,作为校长,如何将自己的教育思想与学校的特色发展有机结合,进而带领干部、教师队伍构建完善的学校教育生态,为学生们搭建发展的平台,使其在学校积蓄充足的成长力量,留下美好童年记忆的愿景,是摆在我面前必须解答、必须践行的头等大事。上任伊始,我有很多的憧憬和想法,但是短暂的"头脑发热"后,很快冷静下来,开始深入思考:教育很"大",要培养堪当民族复兴重任的时代新人;教育也很"小",每件小事都可能蕴藏着教育的契机。美好愿景的实现要与每个孩子的未来之路紧紧联系在一起,办学的道路需要一步一个脚印地走。

生逢盛世，勇担使命。2008年北京奥运会时，我还是一位体育老师，带领学生们走进了赛场，在现场为中国运动健儿加油。时光流转十四载，奥林匹克盛会再度与北京相拥——它像一个标记，记录着中国的强国之路与奋斗征程。而对于我，北京2022年冬奥会、冬残奥会是完善教育思想的良机。

目　录

第一章　七年磨一剑的奥林匹克教育 / 1
一、电厂路小学奥林匹克教育的开端 / 2
二、案例入编北京冬奥会和冬残奥会遗产案例报告 / 4
三、奥林匹克教育的育人理念 / 8
四、奥林匹克教育的示范辐射 / 16

第二章　奥林匹克教育成就辉煌 / 32
一、荣获2022年"首都劳动奖状" / 32
二、获2022年"北京市五四红旗团支部"称号 / 32
三、获"北京市优秀少先队集体（中队）"、北京市"红领巾奖章" / 33
四、获"全国优秀少先队员""首都新时代好少年" / 35
五、战胜病魔，践行冬奥精神的励志少年 / 37
六、"北京冬奥会、冬残奥会突出贡献个人" / 39
七、身边榜样——"十佳学生""少先队员标兵" / 45
八、星光璀璨——从优秀走向卓越的老师们 / 50

第三章　后冬奥时代奥林匹克教育"不打烊" / 53
一、中小学奥林匹克教育微学院成立 / 53
二、电厂路小学的奥林匹克教育课程 / 56
三、奥林匹克教育主题化课程的启动与相关活动 / 65

四、北京冬奥精神引领我校"大思政课"教育 / 70

五、后冬奥校园冰雪运动大有可为 / 80

六、"两个奥运同样精彩"，扎实开展冬残奥教育 / 90

七、举办首届"模拟奥运会（双奥会）" / 97

八、国家级、市级立项课题引领奥林匹克教育实施 / 99

第四章 "小小冬奥博物馆"学生作品 / 103

附录 电厂路小学冬奥教育实践大事记（2022—2023年）/ 111

后　记 / 114

第一章　七年磨一剑的奥林匹克教育

新时代，面对家长对教育多样化、优质化的新期待、新需求，石景山区聚焦"让孩子在家门口上好学"的办学理念，提出"做强西部教育"的发展策略。作为北京市的西部学校，石景山区电厂路小学（以下简称"电厂路小学"）需要寻找一条自我发展的特色之路，以此凝聚人心，推动学校发展，进而促进学生自信、健康、快乐成长。

2015年7月31日，北京申办2022年冬奥会成功，国人的热情被瞬间点燃，人们欢呼雀跃地涌向街头。作为一名当过十九年体育教师的小学校长，兴奋之余，我敏锐地意识到北京2022年冬奥会是我国重要历史节点的重大标志性活动，这是引领学校发展的"助推器"，也是实践自己教育思想、促进学校教育品质提升的一个契机和平台。

电厂路小学与冬奥同频共振。从2015年起，我就带领电厂路小学登上了冬奥会这一世界聚焦的舞台，走上了奥林匹克教育之路，而这条路一走就是七年。电厂路小学落实《北京2022年冬奥会和冬残奥会中小学生奥林匹克教育计划》，将奥林匹克教育和冰雪运动纳入学校常规教育教学工作，完善和丰富课程的供给，形成了冬奥教育"文化·情境"育人模式，取得了北京冬奥会周期奥林匹克教育的"金牌"。

学校从石景山区一所普通的小学，发展成为一所办学特色鲜明，能够将奥林匹克教育融入办学理念、育人目标的有思想的学校，真正实现了"小学校、大发展"，在

全国有了一定的知名度和影响力，获得国际奥林匹克委员会、国际各单项冰雪组织、北京市委市政府、国家体育总局、教育部高度认可。

电厂路小学因冬奥"出圈"，被中央电视台《焦点访谈》《新闻调查》栏目专题报道，被更多人熟知，成为冬奥的网红"打卡地"。

一、电厂路小学奥林匹克教育的开端

如果提起有关冬奥的人和事，电厂路小学的学生们就会立刻变得滔滔不绝。过去这些年，学校结合冬奥热，开设了相关知识、技能、社会实践等一系列课程，冰雪元素也渗透到各门学科的课堂之中，点点滴滴的汇聚成了孩子们宝贵的记忆。而电厂路小学的冬奥冰雪之缘要追溯到2015年在首都体育馆举办的一场冰球比赛。

2015年4月11日，对电厂路小学来说，这是具有特殊意义的一天：它是学校奥林匹克教育的"起点"。时至今日，我依然记忆犹新。那天，我带领穿着绿色校服（2016年学校校服更换为黄色和紫色相间的校服，并沿用至今）的32名学生，人手一面小国旗，走进首都体育馆观看世界女子冰球（B组）锦标赛中国队与意大利队的比赛。那也是我人生中第一次观看冰球比赛。当运动员快速滑行入场时，他们的"酷"令我和学生一样惊呆了，但瞬时我们又兴奋了起来——刺激，就是太刺激了的感觉。

当天，赛场的观众不是特别多，但比赛异常激烈，学生们始终挥舞着手中的国旗为中国队呐喊助威。孩子们的举动也吸引了现场观众的目光。离全场比赛结束仅剩2分07秒时，中国队的齐雪婷在混战中奋勇一击，让中国女子冰球队以

2

4:3 反超意大利队，最终获得了比赛胜利。学生们开心地又蹦又跳。场上中国队的姑娘们可能并不知道，比赛现场有一群小观众，因为她们在场上的拼搏而备受鼓舞。

北京市冰球协会常务副秘书长邢崔说："2015年的时候，我们在做冰球进校园推广，也想组织一些孩子来观看比赛。没想到，竟然有不是我们组织的电厂路小学自发来看冰球比赛，简直是太不容易了。"

这次观赛经历促使电厂路小学成为参与、助力北京冬奥会的第一所学校。那时候距离揭晓2022冬奥会举办地还有3个月的时间，关注和了解冰雪运动的人少之又少，但是我们的心已经与冬奥会融在了一起。

2015年9月1日开学典礼上，我在升旗仪式中以"申冬奥成功"为主题，对全校师生进行了爱国主义教育，并提出"从我做起，为冬奥做贡献"的倡议。随后，我带领干部、教师对学校的办学理念进行重新梳理，基于校情及生源特点，确立了"自信自强，积蓄充沛的成长力量"的育人目标。这与奥林匹克精神高度契合。

在北京市冰球协会的帮助下，电厂路小学有了自己的冰球队，参加了2019年、2021年、2022年、2023年四届北京市中小学校际冰球联赛。

冰球校队的组建基本上可分为两种情况：一种是学校有很多小朋

友会打冰球，学校把他们组织起来；另一种是打冰球的孩子很少，像电厂路小学这样，从完全不了解到积极参与。大部分冰球校队属于后面这种情况。

在美好的开端之后，2016年、2017年学校连续开展了不同年级分批次的上冰体验。在冰球、花样滑冰等各类冰雪项目国际比赛现场，也不时能看到电厂路小学孩子们欢呼、呐喊的身影。正是这一次次的冰上体验、一场场的现场观赛，将一粒粒冰雪运动的种子种在了孩子们的心里。

到2018年，电厂路小学已经成为北京市最早开展系统化旱地冰雪运动的学校。电厂路小学大力推广陆地冰球、旱地冰壶、越野滑轮等与冰雪运动有着诸多相似之处的旱地化运动，借此让学生掌握冰雪运动技巧。此外，电厂路小学以"冬奥有我"为主题举办冬奥专家、学生、家长和教师讲堂，推动全校师生和家长了解冬奥知识。

2019年，电厂路小学开设了更多的冰雪运动校本课程，逐渐形成了"3+8+5"冰雪课程实施模式……电厂路小学的冬奥教育如火如荼地开展起来了！

二、案例入编北京冬奥会和冬残奥会遗产案例报告

2022年1月19日，北京冬奥组委发布的《北京2022年冬奥会和冬残奥会遗产报告（2022）》，包括体育、经济、社会、文化、环境、城市和区域发展7个单册遗产报告。电厂路小学的相关内容及照片入编其中的体育、文化和社会遗产报告。

2022年2月11日，北京冬奥组委发布的《北京2022年冬奥会和冬残奥会体育遗产案例报告（2022）》，收录了7大领域的44个典型遗产案例，总结提炼了冰雪运动的普及发展、冬奥场馆、科技创新、环境保护、城市更新、奥林匹克教育等方面的亮点成果。

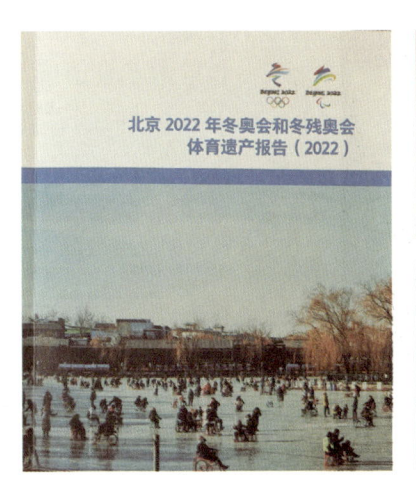

学校的"冰雪运动旱地化——北京市石景山区电厂路小学对冰雪进校园的有益探索"入编《北京2022年冬奥会和冬残奥会遗产案例报告（2022）》中文版和国际版。

电厂路小学在没有冰场和雪场的情况下，因地制宜，引进和建设仿真冰雪运动器材，在陆地上通过"旱地化"方式推广冰雪运动。这种方式与冰雪运动在技术上有相似之处，而且可以把奥林匹克教育融入其中，让孩子们知道如何欣赏冰雪运动。

电厂路小学从2018年开始实施冰雪运动旱地化，当时全校大约95%的学生没有上真冰、真雪的经历。经过三年多旱地化的教学和实践，全校学生能熟练掌握冰雪运动技能，到2021年底学生上真冰、真雪的比例均达到100%，有效破解了冰雪运动进校园的制约因素，形成了具有示范效应的冰雪运动推广模式。

冰雪运动旱地化是从"旱地化"课堂教，到课后体育社团上冰练，再到冰上赛的系统衔接。尤其是冰球运动，这项多为"富足"家庭孩子参与的运动，在电厂路小学实现了家长零投入、孩子都能学。

在2021年国际奥林匹克论坛上，加拿大西安大略大学的贺冬婉、北京市石景山区电厂路小学的丁筱和我做了论坛联合发言，主题是"冰雪运动旱地化——北京小学奥林匹克教育的创新"。

冰雪运动"旱地化"的创新之举，不仅使冰雪运动成为学校体育教学的绝佳载体，而且对未来各国冬奥会的筹办和举办具有示范和借鉴作用，更成为在全球推广冰雪运动的一股力量——特别是非洲的一些国家也可以通过这样的方式推行奥林匹克教育，为奥林匹克运动发展留下电厂路小学的印迹，贡献电厂路小学的智慧。

三、奥林匹克教育的育人理念

奥林匹克运动之父顾拜旦将奥林匹克运动的核心价值定义为教育。奥林匹克主义是将身、心和精神方面的各种品质均衡地结合起来，并使之得到提高的一种人生哲学，它将体育运动与文化和教育融为一体；奥林匹克主义所要建立的生活方式是以奋斗中所体验到的乐趣、优秀榜样的教育价值和对一般伦理基本原则的推崇为基础的。这是一种新的教育形式。

电厂路小学持续不断的冬奥教育，把学校打造成为北京的一张奥林匹克教育特色名片、一个奥林匹克教育乐园。电厂路小学实现奥林匹克教育和冰雪运动发展的从无到有，教育教学改革有了新的突破，同时老师、家长惊喜地看到了孩子们在冬奥教育中的成长、变化及综合素养的提升。这一切看得到、摸得着的成果表明奥林匹克教育是对孩子们终身有益的宝贵财富，是落实立德树人根本任务，培养德智体美劳全面发展的社会主义建设者和接班人，培育和践行社会主义核心价值观、弘扬奥林匹克精神与弘扬中华优秀传统文化相结合、提升学生综合素养的平台。

奥运会不只是赛时十几天的体育盛宴。奥林匹克运动的价值和奥林匹克教育的影响力没有时间和地域的限制，对学生具有强大的教育作用：涵养学生德行，塑造有勇气、有担当的品格，形成包容、文明的风度，培养守纪律、有教养的行为习惯，提高学生的审美和人文素养，拓宽国际视野。

通过七年的实践积淀和理论思考，我认为，奥林匹克教育成果源于全力付出，源于融入学校发展的长远布局，源自多年开展奥林匹克教育的底蕴和底气，也饱含对未来可持续开展的向往。电厂路小学开展奥林匹克教育不是"一锤子买卖"，而是立足当下、心怀高远、着眼未来。这份精彩，必将长久地留在电厂路小学学生的学习和生活中，像血液一样，伴随学生终身。

1. "一个不能少，全员参与奥林匹克教育"的育人理念

奥林匹克教育是面向青少年，以体育运动为载体，向青少年传播奥林匹克精神和文化的一种社会教育活动。奥林匹克教育要融入大教育观，以学生为本，这样思想的传承才能对社会产生影响，才有价值。最终目的还是要让奥林匹克价值观、奥林匹克精神"扎根"于每一名学生的思想，使学生形成热爱运动、尊重他人、追求卓越、身心和谐及公平竞争的生活态度。

在北京2022年冬奥会开幕式上，由数百名小朋友手持和平鸽模型的节目《雪花》，令人印象深刻。节目中，小朋友们围绕在巨型雪花周围舞蹈，最后汇聚成一个心形，而有一只掉队的"小鸽子"没有融入，此时一个同伴跑过来，拉起掉队"小鸽子"的手，一起跑回队伍。

这是一段充满寓意的表演，也是一个充满启示的故事。正如掉队"小鸽子"的扮演者徐书元所说："希望天下所有掉队'小鸽子'都能找到回家的路。"感人的时刻、温暖的牵手，展现了孩子们的可爱纯真，也生动诠释了"更快、更高、更强——更团结"的奥林匹克格言。

由此，人们不仅被"一个都不能少"的表演破防了，而且从中感悟良多。对教育者而言，最受启迪的莫过于不能放弃每一个学生，而这恰恰是电厂路小学开展奥林匹克教育以来，贯穿始终的育人理念——"一个不能少，全员参与奥林匹克教育"。学校在促进学生五育并举全面发展的同时，从不放弃掉队的"小鸽子"。

奥林匹克教育要覆盖每一名学生，要带着温度关注每一名学生的发展，如爱运动、特长的形成、很好的时间管理……我们不是要把学生培养成谷爱凌，而是要发现学生适合做什么，如何让他们热爱一些事情，根据每个学生的发展特点、成长阶段，给予他们公平参与、锻炼和展示的机会，让他们认识并成为更好的自己。

2. 开展奥林匹克教育需要执着的精神

电厂路小学的奥林匹克教育取得的丰硕成果，成为"绽放"的冬奥遗产，但这些成果的取得绝非朝夕之功，七年历程也不是一帆风顺。

一所只有300多名学生的小学，在特色发展的道路上会遇到各种困难，特别是前期资金匮乏、可借鉴的经验不多、教师和家长们对奥林匹克教育的实施心存疑惑……最终，全体师生和家长走到了一起，共同打造了一支具有强大能量和凝聚力的奥林匹克教育实施团队，因为我们怀揣着共同的目标——育人。在这种内生动力的驱动下，可以说从2015年起学校就开启了一次自己与自己的较量，在困境中坚守，不断探索，迎难而上，全体师生始终坚信没有做不成的事情。

一路走来，全校师生共同经历了很多令人心潮澎湃的时刻。在一次次学习、训练和比赛中，学生们收获的不仅是技能、成绩，还有对冬奥会精神的理解。在一次次拼搏中，学生们克服困难、团结奋

13

进、敢攀高峰。在吉林长春 –27℃的赛场上，同学们代表北京市参加了全国冰雪竞赛并获得了团体第一名。然而比成绩更可贵的是孩子们顽强拼搏的意志。近 40℃的高温，也没有挡住越野滑轮社团孩子们参加国际雪联中国北京滑轮世界杯，孩子们磨炼意志、开阔眼界，抓住难得的与高水平运动员同台竞技的机会，在实战中积累了参赛经验……

类似的奥林匹克教育故事几乎每天都在校内外发生，不一定发生在课堂上，不一定是老师讲学生听，学生讲的故事往往更吸引人。2020届毕业生李明泽给母校写了一封信，信中讲述了他毕业后回到老家上中学，因语言不通、生活习惯不同等产生的各种不适应，以致总想"逃回"北京的经历。他说："母校的冬奥精神激励着我鼓起勇气，大胆融入新的班级，赢得了老师和同学们的信任，被选为班长，带领班上同学建立起'理解、友谊、团结、公平竞争'的大家庭。"

在 2020 年北京市中小学生冬奥知识竞赛总决赛中，学校以微小的差距惜败，获得亚军，学生们在现场哭了。当时，让孩子们坦然面对失败，确实难为他们，但挫折对孩子们来说也是教育和成长，有前进目标、超越自己、绝不放弃就是卓越。学生们在短暂的失落后，纷纷表示来年再战。

时光荏苒，电厂路小学的奥林匹克教育模式为世界奥林匹克运动贡献了独特的智慧，奥林匹克教育带给学生们生命的成长、超越的力量和铭记一生的经历。

四、奥林匹克教育的示范辐射

一枝独秀不是春，百花齐放春满园。电厂路小学奥林匹克教育的示范和引领作用已经辐射到京津冀、全国乃至国外，新华社、人民日报、光明日报等多家媒体宣传学校近百次；我在2021年首届中国冰雪运动发展高峰论坛、首届中国体教融合政策高层论坛等多项活动中做主题发言。

1. 电厂路小学向北京奥运博物馆捐赠冬奥主题图书

2021年11月18日，电厂路小学向北京奥运博物馆赠送了学校编写的第一本冬奥图书——《北京2022奥林匹克教育与我——电厂路小学七彩冬奥之路》，北京奥运博物馆田宝元副馆长接受赠书，向学校颁发捐赠证书。这本书总结了学校七年冬奥教育历程。此书已被国际奥委会、国际奥林匹克研究中心、北京奥运博物馆收藏。

2022年9月1日，开学典礼上，电厂路小学向北京奥运博物馆赠

送学校编写的第二本冬奥图书——《童年的美好记忆——我的冬奥之旅》，北京奥运博物馆田宝元副馆长接受赠书，向学校颁发捐赠证书。此书汇集了学生们在冬奥教育中的收获与成长。

2022年11月，学校编写的第三本冬奥图书《我们与冬奥一起走过——奥林匹克教育"教科培"一体化的实践研究》出版。这本书总结了电厂路小学教师依托冬奥教育进行学科教学方式转变和学生学习方式转变的创新经验。

这些原汁原味的作品，记录了电厂路小学师生一起参与冬奥教育冰雪运动的美好时光，成为学校品质提升和师生共同成长的绝佳佐证。这些宝贵的奥运遗产在未来教育教学实践中也会发挥更为积极的作用，同时极大地丰富了国际奥林匹克教育的遗产，促进奥林匹克教育在中国的可持续发展，为其他学校及教师开展奥林匹克教育提供参考范例。

2. 覆盖全国的奥林匹克教育战略合作

萨马兰奇体育发展基金会是由已故国际奥委会主席萨马兰奇之子、现任国际奥委会副主席胡安·安东尼奥·萨马兰奇先生发起成立，以传承"中国人民的老朋友"——萨马兰奇先生的精神，延续其与中国之间的深厚友谊，推动中国体育文化事业发展，传播奥林匹克理想，促进国际体育文化交流为宗旨。电厂路小学在冬奥周期得到该基金会的大力支持，它为学校的奥林匹克教育提供理论指导，为学生们提供展示的平台和参与冰雪运动的机会。

2018年8月8日北京奥林匹克博览会开幕，电厂路小学学生合唱团受邀参加了开幕式的演出，一曲《冬奥来了》赢得了现场阵阵掌声。学生们还有幸与国际奥委会副主席萨马兰奇先生合影。这是学校与萨马兰奇体育发展基金会的第一次合作。

2019年5月5日，电厂路小学受萨马兰奇体育发展基金会邀请，参加在北京冬奥组委举办的"2019国际奥林匹克教育论坛"。该论坛引发了对奥林匹克教育内涵、普及与发展的深度思考。电厂路小学很快将一些想法付诸行动，其中就有签订"奥林匹克教育战略合作协议"这项举措。

　　基于奥林匹克教育的含义与价值及其在学校开展的重要意义，为了更好地落实《北京2022年冬奥会和冬残奥会中小学生奥林匹克教育计划》，2019年5月10日，电厂路小学牵头，与到校观摩奥林匹克教育成果展示的安徽、江苏等省的学校签订"奥林匹克教育战略合作协议"，携手共同参与冬奥、助力冬奥，推动奥林匹克教育在校园的开展。之后，陆续有新疆、西藏、山东、上海、浙江等17个省份及香港特区的小学加入，不但扩大了奥林匹克教育在我国中小学校实施的范围，而且促进了奥林匹克教育的可持续开展。

3. 国际奥委会副主席萨马兰奇接见电厂路小学师生

2023 年 2 月 13 日，电厂路小学新学期第一天，三位学生包嫄、张思怡、刘雨鑫和英语老师张蕊迎来一次特殊的会面。国际奥委会副主席萨马兰奇先生与他们亲切见面，并赠上了新学期寄语。这样的经历也是孩子们最好的开学礼物。

2019 年，萨马兰奇先生曾到电厂路小学参观，与学生们合影留念。这次见面时，学生们将当时的合影照片实物作为礼物赠送给萨马兰奇，还赠送了学校编写的冬奥系列图书和冬奥学生读本。

因为电厂路小学的特色体育项目是空竹，所以学生们也赠送给萨马兰奇先生一副空竹：一是作为礼物，二是传播中华优秀传统文化。学生们还现场教萨马兰奇先生抖空竹——他很快就学会了基本动作，空竹被抖起来了。

会面最后，萨马兰奇先生非常开心地在合影照片和校服上写下对电厂路小学的新学期寄语。校服上的寄语为：为电厂路小学献上最美好的祝愿！与学生合影的照片上的寄语为：祝电厂路小学的学生一切都好！

刘雨鑫同学说："爷爷嘱咐我们要继续热爱冰雪运动，强健身体！"

张思怡同学说："爷爷送给我一枚印有爷爷的父亲——前国际奥委会主席老萨马兰奇先生头像的徽章和签名的首日封，我要好好珍藏起来。"

包嫄同学说:"我还教萨马兰奇爷爷怎么抖空竹,当我抖的时候,他看得特别认真,他也跃跃欲试,所以我把空竹递给他,邀请他试一试。他开心得像一个孩子,在我的指导下,成功地抖了起来。我们也在旁边鼓掌为他加油。"

4. 走向国际的奥林匹克教育交流

（1）国际奥委会接收学校冬奥教育专题图书。学校编写的《北京2022奥林匹克教育与我——电厂路小学七彩冬奥之路》一书，被收入国际奥委会奥林匹克研究中心。国际奥委会奥林匹克研究中心对外关系和学术项目高级主管纽瑞·品格给学校发来接收信。

（2）加拿大国际奥林匹克研究中心接收学校冬奥教育专题图书。西安大略大学体育学院国际奥林匹克研究中心主任安吉拉·施耐德教授给学校发来接收信。接收信的内容如下：

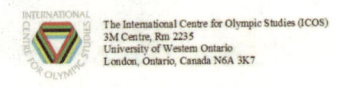

5. 奥林匹克教育的"小小传播者"

（1）学习冬奥榜样，传播北京冬奥精神。2022 年 10 月 31 日，作为冰雪学校的代表，五年级（1）班林熙雅同学与冬奥会冠军武大靖一起参加中央电视台《开讲啦》节目录制，并在节目中介绍学校和自己参与冰雪运动的历程，鼓励更多的人能够积极参与冰雪运动，传播北京冬奥精神。

（2）我为奥林匹克教育标识代言。下面是电厂路小学学生林雨轩的一段宝贵经历。

为迎接北京 2022 年冬奥会，也为了我们有更多参与活动的机会，学校要举行奥林匹克教育标识征集活动。绘画和设计可是我的特长，我暗暗自喜。

我利用周末的时间，先后设计了 4 个奥林匹克教育标识，上交到学校。每个标识都由学校名称的拼音、教育的英文单词、书本的形象、学生和奥运五环的颜色这些元素组成。没想到我设计的这些元素最终都被作为学校奥

林匹克教育标识的元素，我高兴极了！

学校奥林匹克教育标识征集活动结束了，标识做成了成品。这个奥林匹克教育标识是我和同学们共同设计的。标识主体采用奥运五环的颜色，动感的彩带象征我和同学们在七彩阳光路上全面发展和个性化成长；下面2015的数字及教育的英文单词（Education）代表着学校奥林匹克教育的开端和未来的可持续开展。这个标识体现了在奥林匹克教育引领、奥林匹克精神影响下，电厂路小学的学生共同追求"卓越、尊重、友谊"的奥林匹克价值观。

校长和班主任老师还推荐我给全校师生讲解奥林匹克教育标识的含义。听到这个消息我的内心五味杂陈，眼泪在我的眼眶里打转，因为我本来就内向、胆小，在人多的地方都不敢说话，更别说当着全校师生的面大声演讲了。我感觉自己肯定完成不了这个任务，眼泪竟不争气地掉了下来。看到我哭了，校长和班主任老师吓了一跳，询问原因后才恍然大悟。在课间，他们一次次耐心地开导、鼓励我，帮我树立自信心。班主任老师还给我妈妈打电话，让她在家也多鼓励我。

通过校长、班主任老师和妈妈的鼓励，我决定去试一试，给自己一次锻炼的机会，走出这一步。因为在以后的学习和生活中我还会遇到更多这样的事情，我必须战胜自己内心的恐惧，相信自己可以做到。接下来的时间里，班主任老师也一遍一遍地帮助我，耐心地给我做指导。我也一遍遍地在小伙伴、亲戚朋友、老师同学面前练习。最后，我越练越好，越练越熟悉，也越来越自信。在奥林匹克教育标识发布会上，我自信地走上台，在全校师生面前声音洪亮地完成了奥林匹克教育标识的介绍，并且接受中央电视台记者的采访。

几天后，校长给了我一份报纸，报纸上有对我演讲的报道。校长和班主任老师竖起了大拇指给我点赞。我也在电视新闻上看到了自己接受采访的镜头，感到特别自豪，看到电视里的自己还有点不好意思。

这件事情让我知道：不管做什么事情，只要不放弃，只要有自信，只要去努力，结果就会是美好的。这件事情不仅锻炼了我，也激励了我，让我在以后的学习和生活中不管遇到什么事情都能自信面对。

虽然2022年冬奥会已经结束，但是我设计的奥林匹克教育标识还悬挂在学校小小冬奥博物馆的墙壁上。我也会继续努力，践行奥林匹克精神，成为一名优秀的小学生。

（3）我们"上镜"啦！

冬奥小学　　　　　　　　　　　一起向未来

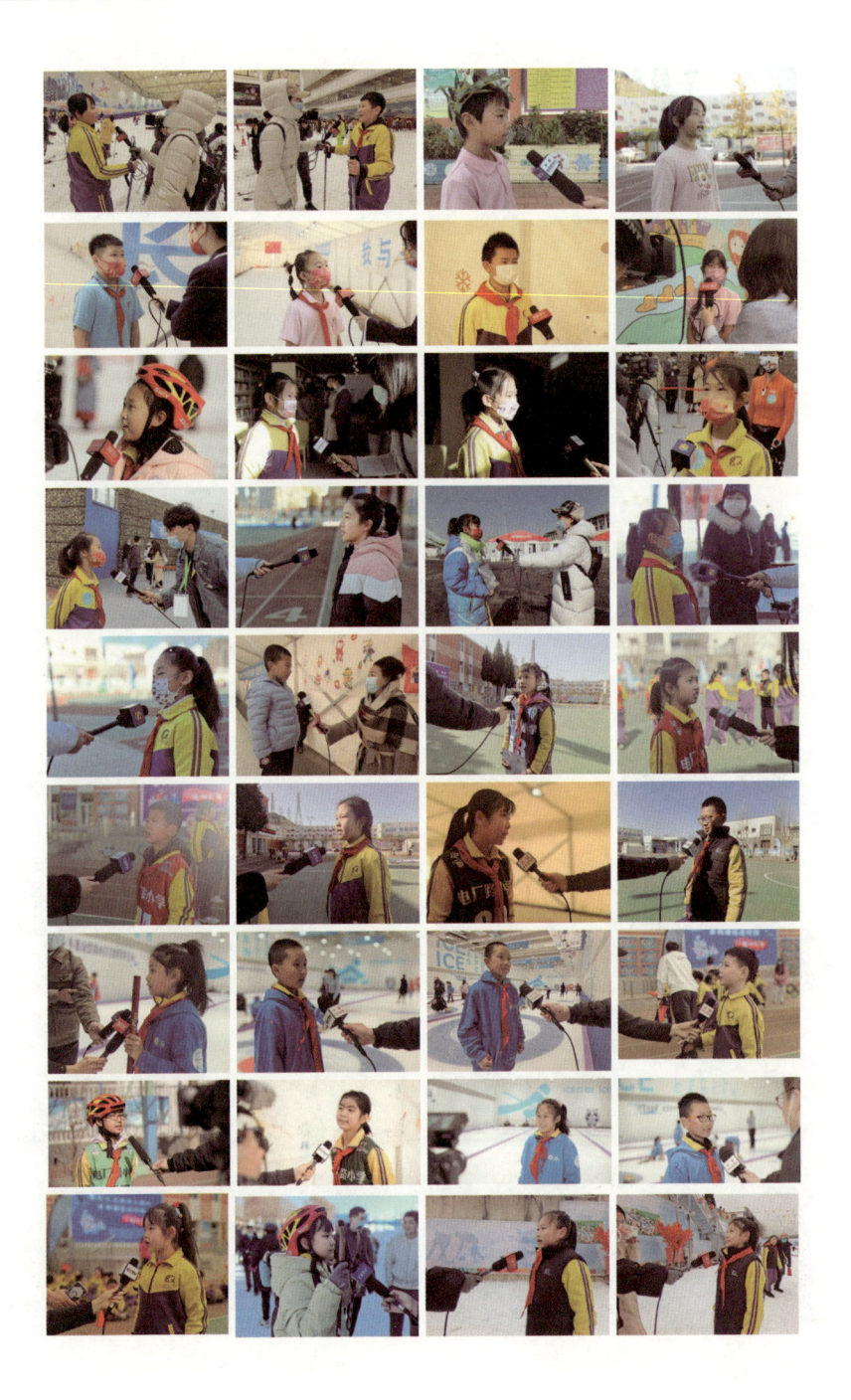

第一章　七年磨一剑的奥林匹克教育

（4）我们"上报纸"啦！

冬奥小学　　　　　　　一起向未来

第一章 七年磨一剑的奥林匹克教育

6. 北京冬奥组委、国家体育总局冬运中心的感谢信

7. 首届中国冰雪运动发展高峰论坛邀请函

中国冰雪大会组委会

组委会发（2021）0708-3号

"首届中国冰雪运动发展高峰论坛"
嘉宾邀请函

尊敬的 ___石景山电厂路小学___：

为贯彻落实习近平总书记关于发展冰雪运动系列重要论述和重要批示精神，全面展示行业、各部门推动冰雪运动发展的成果经验，交流研讨冰雪运动发展的思路和举措，经国家体育总局批准，国家体育总局冬运中心拟联合北京市石景山区政府、中国冰雪大会组委会于2021年7月8日—10日在北京市石景山区召开"首届中国冰雪运动发展高峰论坛"（以下简称"高峰论坛"）。"高峰论坛"期间，还将举办"冰雪运动产业展览会"、"首届中国数字冰雪运动会总决赛"等配套活动。

"高峰论坛"将邀请体育总局、文旅部、科技部、教育部等部委相关负责人，有关专家，行业从业人员进行交流发言，并围绕"冰雪文旅发展""冰雪产业发展""青少年冰雪运动

8. 北京奥运博物馆向电厂路小学征集学生开展冰雪教育活动照片用于北京奥运博物馆基本陈列和巡回展览的函

北京奥运博物馆

京奥博函〔2023〕19号

关于向北京市石景山区电厂路小学征集
学生开展冰雪教育活动照片
用于博物馆基本陈列和巡回展览的函

北京市石景山区电厂路小学：

北京奥运博物馆作为是北京2008年夏奥会和北京2022年冬奥会后的重要遗产传承机构。根据北京市"十四五"规划内容和2023年北京市政府工作报告指示精神，北京奥运博物馆升级改造建设项目正在进行中，预计在今年内完成。

为配合做好北京市5·18国际博物馆日的宣传，做好传承和利用双奥遗产的工作，北京奥运博物馆针对北京2008年奥运会和2022年冬奥会所秉承的"可持续性"理念以及两次办奥给市民生活方式带来的积极变化，计划筹备《奥林匹克与我们的幸福生活》巡展活动，为丰富展览内容，提升展览品质，讲好冬奥故事。针对现有展览大纲审定内容，特向贵校征集部分学生开展冰雪教育，参与冰雪运动的照片用于北京奥运博物馆基本陈列和5.18国际博物馆月巡展使用。

感谢贵校一直以来对北京奥运博物馆工作的支持。

第二章　奥林匹克教育成就辉煌

一、荣获 2022 年"首都劳动奖状"

2022 年 4 月 28 日,北京市总工会召开"五一"新闻发布会。北京市共评选"首都劳动奖状"75 个、"首都劳动奖章"401 个、"北京市工人先锋号"145 个。北京市石景山区电厂路小学荣获"首都劳动奖状"。

二、获 2022 年"北京市五四红旗团支部"称号

2022 年 4 月 29 日,共青团北京市委员会、北京市人力资源和社会保障局发布《关于表彰建团 100 周年北京市先进组织和先进个人的决定》,授予北京市石景山区电厂路小学教工团支部"北京市五四红旗团支部"称号。

三、获"北京市优秀少先队集体（中队）"、北京市"红领巾奖章"

1. 获"北京市优秀少先队集体"称号

电厂路小学四（2）冬奥中队自2018年以来，抓住北京市举办2022年冬奥会的契机，以奥林匹克精神为中队建设宗旨，以"五环相扣"为激励评价方式，通过各项冬奥教育和冰雪主题活动育人。

四（2）冬奥中队带领学校少先队大队开展冬奥教育工作，26名队员都是学校少先队大队冬奥活动的中坚力量。其中，少先队自治组织

"小小冬奥组委会"的 2 名主席、3 名部长、21 名组委工作人员都来自冬奥中队。冬奥中队中的 10 个家庭被评为"石景山区冬奥志愿家庭",1 个家庭被评为 2021 年"全国最美家庭"。

国际奥委会副主席萨马兰奇来校参观时,接受了四(2)冬奥中队队员的采访。冬奥中队牢记萨马兰奇爷爷的嘱托,积极带动校内外更多的队员与冬奥一起成长。

五年的冬奥之旅,队员们砥砺前行,人人都成了新时代的小先锋。2021 年,中队被评为"北京市优秀少先队集体(中队)"。

2. 获北京市"红领巾奖章"四星章

四(2)中队获北京市 2021 年度"红领巾奖章"四星章。

五(2)冬奥中队是学校第二个冬奥中队。队员们团结奋进、积极向上,在"参与冬奥 助力冬奥"方面有突出表现。

在全国"请党放心 强国有我"主题云队课中,该中队 8 名队员代表北京市进行"北京冬奥"主题宣传,参与毛猴制作的录制;该中队多次承担区级"北京冬奥会开幕倒计时短视频拍摄"任务,讲解和分享自己与冰雪、冬奥的故事;5 名队员参加北京冬奥组委和北京电视台的 MV 录制,2 名冬奥小记者多次圆满完成采访任务。五(2)冬奥中队正

如初绽的花蕾，愈发和谐、自信、阳光。

北京市"红领巾奖章"四星章个人获得者包媜是少先队大队委、四（1）中队的中队长。她乐观开朗、心胸豁达，具有积极向上的生活态度和强烈的进取精神，是同学们学习的好榜样。

四、获"全国优秀少先队员""首都新时代好少年"

1. 获 2021 年"全国优秀少先队员"

鞠雅萱同学 2019 年被评为"首都新时代好少年"，2020 年当选全国第八次少代会北京市少先队集体代表，2021 年被评为"全国优秀少先队员"。她是电厂路小学的光荣，是同学们学习的好榜样。

2. 获 2021 年"首都新时代好少年"

张金浩同学是六（2）冬奥中队的一名少先队员，是北京市第八次少代会代表，也是继鞠雅萱同学之后学校培养的第二位"全国优秀少先队员"。作为 2021 年"首都新时代好少年"、北京冬奥精神宣讲团成员，他是时代的小先锋，是同学们佩服的大队长。

他担任学校小小冬奥组委会主席，积极带领全校同学学习冬奥知识、掌握冰雪技能。他对冰球、越野滑雪、冰壶项目样样精通，各项冬奥活动中都有他的身影。他在 2021 年、2020 年北京市中小学生冬奥知识竞赛总决赛中分别获得"最佳创意奖"和亚军。

作为学校小小冬奥博物馆的讲解员，他自信、大方、热情地接待国内外各界领导和嘉

宾，宣传冬奥教育成果，展示中国少年的风采，获得赞誉。几年来，他还积极带动家庭参与冬残奥会火炬传递服务保障等各项冬奥志愿服务活动30余次。2021年，他的家庭被评为"全国最美家庭"。

冬奥会结束后，张金浩同学作为北京冬奥精神宣讲团成员，通过专场宣讲自己的冬奥故事，传承北京冬奥精神，让冬奥精神发扬光大。

2021—2022年，他多次在共青团中央、全国少工委组织的"喜迎二十大，争做好队员""全国主题云队课""网上主题队课"活动中担任主持人或讲解员，面向全国展示首都新时代好少年的风采。

五、战胜病魔，践行冬奥精神的励志少年

姚月同学是五（1）中队的一名少先队员，现任中队委，2022年荣获石景山区"新时代好少年"称号，和北京市2022年冬奥会和冬残奥会"优秀城市志愿者"称号。

1. 姚月：不经一番寒彻骨，怎得梅花扑鼻香

姚月是战胜肿瘤的冬奥小战士。她说，她不会被轻易打败，因为她是与冬奥结缘的孩子，有一颗对梦想永不放弃的恒心和吃苦耐劳的优秀品质。她要像冬奥运动员一样，积极、快乐、勇敢、坚强、永不放弃。她的乐观精神是对奥林匹克精神的传承，也是同学们学习的榜样。

北京冬残奥会期间，她在首钢园第24棒火炬传递点位完成志愿服务保障工作，并与家人多次参与志愿服务活动，是一位践行北京冬奥精神的励志少年。

2. 姚月：荣誉代表过去，向着目标努力前行

当妈妈告诉我被评选为石景山区2022—2023学年"新时代好少年"时，我的心情无比激动与自豪。我要向培育自己的学校和老师说一声感谢，向一直关心、爱护我的大家说一声我没有让大家失望，正直勇敢、坚强乐观、热爱生活的我是最棒的！

从我被评为"新时代好少年"的那一刻起，我就是同学们的榜样了，这是一份荣誉，也是一份责任和担当，更是我新的起点。

荣誉代表过去，今后我会更加努力学习，提升自己的综合素质，继续践行志愿服务精神，成为一名有理想、有本领、有担当的新时代好少年。我也会带领同学们不断进取，"一起向未来"！

六、"北京冬奥会、冬残奥会突出贡献个人"称号

2022年4月8日，北京冬奥会、冬残奥会总结表彰大会在人民大会堂隆重举行，我获得"北京冬奥会、冬残奥会突出贡献个人"称号，并受到国家领导人的亲切接见。

1. "北京冬奥会、冬残奥会突出贡献个人"称号

回想起在人民大会堂参加北京冬奥会、冬残奥会总结表彰大会的情景，我依然难掩激动的心情。我们进入会场时，掌声雷动，欢呼声、加油声特别大，我的旁边就是闫文港、齐广璞这些冬奥运动健儿。当时，我觉得自己非常光荣，我们的付出都很值得。

被评为突出贡献个人，其实我还是有些意外的，因为各行各业的同志们在冬奥筹

办、举办过程中都做出了巨大的贡献，我们只是做了通过冬奥会和冬奥教育育人这项应该做的本职工作。虽然北京冬奥会落下了大幕，但奥运精神和冰雪热情永不散场，冬奥教育还会继续下去。

突出贡献个人奖章——"荣耀雪花奖章"的设计美观、大方。荣耀雪花奖章以红色、金色为主色调，由国徽元素、橄榄枝、丝带、祥云纹、旗帜、雪花等构成。祥云纹、十面旗帜和雪花共同构成奖章主体，金色丝带和橄榄枝象征团结、友谊、和平的奥林匹克精神，体现共同构建人类命运共同体的崇高理想。

奖章为银镀金材质，局部珐琅填色，整体以冷压工艺制成。

2. 北京 2022 年冬奥会火炬手

"我自豪，我是北京冬奥会火炬手！"在北京冬奥会火炬传递仪式上，我有幸作为火炬手之一。

40

我们传递的是冬奥火炬,接续的是冬奥精神,更是冬奥力量!北京2022年冬奥会虽然结束了,但是冬奥的精神留下来了,它依然是引领学校、引领孩子们成长的一个很好的平台。

冬奥会火炬传递仪式结束后，我第一时间把火炬带到学校，让全校每一位学生都亲手高举火炬，并给他们一一拍照留念。看到他们接过火炬时的那份庄重，高举火炬时眼中散发出的自信光芒，我倍感自豪。那一刻，我更加坚定将学校奥林匹克教育持续做下去的决心。

3. 中国共产党北京市第十三次代表大会代表

作为中国共产党北京市第十三次代表大会代表，我非常关注大会报告中关于北京冬奥会的论述和对后冬奥的展望。

42

北京市第十三次党代会报告（以下简称"报告"）对北京冬奥会的成功举办给予了充分肯定，并总结形成了北京冬奥精神。

石景山区抓住北京举办冬奥会的机遇，借势冬奥促发展，擦亮"双奥之区"金名片——不仅成为全国首个带动3亿人参与冰雪运动示范区，而且在区域环境、交通等方面焕然一新。奥林匹克精神的传承丰富了区域发展的内涵，石景山区将用奋斗与超越续写荣耀篇章。

北京冬奥会的举办，石景山区的学生们其实是最大的受益者，20多所学校开展冰雪运动，全区学生实现100%上冰体验，石景山区的学生真是太幸福了。冬奥不仅让学校更美好，而且这一代学生实现了冰雪梦，今后会影响几代人积极参与冰雪运动。

报告在今后五年工作目标的叙述中提出，充分用好物质、文化和人才遗产，实现冬奥遗产利用效益最大化；落实场馆赛后利用计划，带动更多学生和居民参与冰雪运动。今后，我校将充分发挥"冰雪学校"的示范引领作用，成为传承北京冬奥精神、持续开展奥林匹克教育的优质学校。

4. 参加向人民英雄敬献花篮仪式

2022年9月30日是第九个国家烈士纪念日。作为北京冬奥会、冬残奥会突出贡献个人代表，我光荣地参加了在天安门广场隆重举行的向人民英雄敬献花篮仪式。

我要赓续英烈精神，汲取前进力量，珍惜荣誉，牢记为党育人、为国育才使命，砥砺再出发！

5. 国家级表彰"先进模范事迹报告会"

2023年3月22日，国家级表彰"先进模范事迹报告会"在广西南宁举行。作为受表彰的北京冬奥会、冬残奥会突出贡献个人，我进行了事迹分享。

我邀请一起参会的"人民楷模"国家荣誉称号获得者布茹玛汗·毛勒朵为学生们题写"中国"并录制视频，鼓励他们好好学习、热爱祖国。

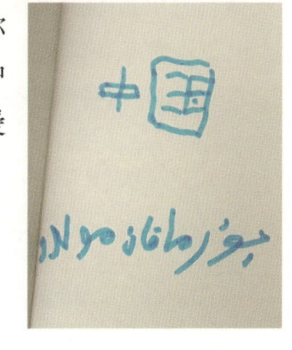

七、身边榜样——"十佳学生""少先队员标兵"

在奥林匹克教育的影响下，学生们自信、阳光、健康、快乐成长。学校每学年都会评选出"十佳学生""少先队员标兵"各10名，树立学生身边的学习榜样，每年评选的学生都不重复，以给更多学生当选的机会，激励同学们"学习身边榜样，树立前行目标，争做新时代好少年"。

1."十佳学生"表彰

学校每学年根据德、智、体、美、劳评选出"十佳学生"（2017—2018学年度评选出11位）。他们是大家的学习榜样。包婳在2022—2023学年度获电厂路小学"十佳学生"称号，是电厂路小学少先队大队委。她荣获北京市"红领巾奖章"四星章，被授予2023年冬奥社区建设"突出贡献个人"称号。她虽患有先天性心脏病，但克服了种种困难，以自强不息的态度乐观面对学习和生活。作为冬奥小记者，她多次采访冬奥健儿，积极参加冬奥志愿服务和《中国冰雪之夜》等演出活动，用实际行动展现北京冬奥精神。2023年2月，她作为小使者代表，为国际奥委会副主席萨马兰奇先生展示空竹技能，传播中华优秀传统文化。

2017—2018学年度"十佳学生"表彰

2018—2019学年度"十佳学生"表彰

2019—2020学年度"十佳学生"表彰

2020—2021学年度"十佳学生"表彰

2021—2022学年度"十佳学生"表彰

2022—2023学年度"十佳学生"表彰

2. "少先队员标兵"光荣榜

2017—2018 学年度少先队员标兵

2018—2019 学年度少先队员标兵

2019—2020 学年度少先队员标兵

2020—2021学年度少先队员标兵

2021—2022学年度少先队员标兵

2022—2023学年度少先队员标兵

八、星光璀璨——从优秀走向卓越的老师们

在一个有机的教育生态中，每个人都有自己奋力追寻的目标，如同一只鸟能够看见自己的天空，并挥动翅膀、全力奔赴，幸福就藏在这场奔赴中。而奥林匹克教育之路的每一步都离不开追求卓越、自我实现的老师们。

后冬奥时代，伴随着奥林匹克教育的可持续开展，老师们更具有使命感，并将成为"教育情怀深厚、专业基础扎实、勇于创新教学、善于综合育人和具有终身学习发展能力"的卓越教师作为新成长的目标。

第二章　奥林匹克教育成就辉煌

2023年，北京市教育工会组织开展北京教育系统育人榜样（先锋）评选活动，我校李梦老师被授予"育人先锋"称号。

第三章　后冬奥时代奥林匹克教育"不打烊"

北京冬奥会，不仅是冰雪运动最为精彩的展示舞台，更展示了奥林匹克教育一起向未来的决心和信心、一代代奥林匹克教育者延续的激情与梦想。

教育部印发的《义务教育课程方案和课程标准（2022年版）》，全面落实习近平总书记关于培养担当民族复兴大任时代新人的要求，结合义务教育性质及课程定位，从有理想、有本领、有担当三个方面，明确义务教育阶段时代新人培养的具体要求。

我校深耕奥林匹克教育七年，作为光荣的"双奥之城""双奥之区"辖区学校，将紧抓后冬奥发展机遇，落实义务教育阶段时代新人培养的具体要求，深入挖掘北京冬奥精神的内涵和外延，继续以体育育人为主线，深入探索将奥林匹克教育融入学科教学和"五育"的学校教育体系，形成"后冬奥"时代学校特色发展的新模式，探索多学科融合和"五育"融合的学校教育实践机制与途径，形成后冬奥时代学校奥林匹克教育特色发展的策略。

细化新举措，激发新活力。后冬奥时代，电厂路小学奥林匹克教育的精彩故事将继续上演。

一、中小学奥林匹克教育微学院成立

北京冬奥会虽然落下帷幕，但奥林匹克教育还在路上。

为使奥林匹克教育在中小学可持续开展，更好地传承北京冬奥精神，2022年9月1日，首都体育学院奥林匹克研究中心与电厂路小学共同成立中小学奥林匹克教育微学院（以下简称"微学院"）。国际奥委会主席奖"维凯拉斯学术成就奖"获得者、全国中小学奥林匹克教育专家

委员会专家裴东光教授宣布微学院成立，首都体育学院奥林匹克研究中心主任茹秀英教授和北京冬奥会冰壶项目国家队队长马秀玥共同为微学院揭牌。

微学院为相关高校、各兄弟院校搭建一个长期性、经常性的沟通平台，提供更多可实际操作的办法，吸纳北京冬奥会举办地延庆区、张家口市的中小学加入，共同开展奥林匹克教育实践和研究，进而带动更多学校参与，带领更多孩子享受奥林匹克教育带来的快乐，促进奥林匹克教育作用的最大化。

奥林匹克教育的价值巨大。2008年北京奥运会的举办，掀起了奥林匹克教育热潮。北京奥运会结束后，奥林匹克教育受重视的程度有所下降。《北京2022年冬奥会和冬残奥会奥林匹克教育计划》是冬奥和冬残奥周期的计划，本身不具有持续性和常态化开展的指导意义。盛会落幕，没有了强大的载体，奥林匹克教育可能会被淡化。奥林匹克教育要持续发展，而不是为了一届冬奥会而开展，其中存在的问题和应对措施有以下几点。

一是在奥林匹克教育的广度和深度方面挖掘其意义和精神做得还不扎实。要上升到教育领域的育人理念和育人方式的变革看待奥林匹克教育，潜移默化地传递给学生，将其深入生活、学习、育人。

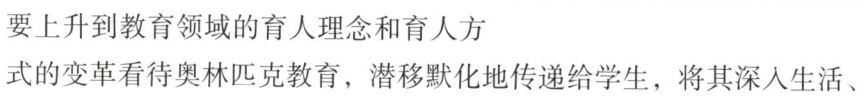

二是奥林匹克教育需要建立长效机制，健全评估体系。奥林匹克教育不能仅仅停留于摸索和实践，还要把一些好的经验、做法进一步总结，进行理论化、体系化构建。

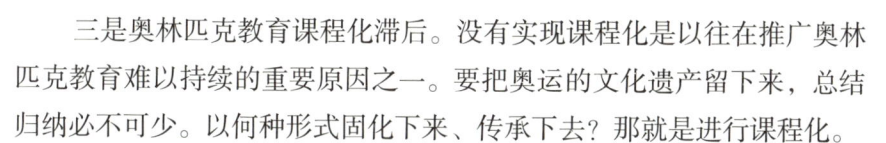

三是奥林匹克教育课程化滞后。没有实现课程化是以往在推广奥林匹克教育难以持续的重要原因之一。要把奥运的文化遗产留下来，总结归纳必不可少。以何种形式固化下来、传承下去？那就是进行课程化。

微学院成立后的第一项工作就是从2022年9月开始，首都体育学院每周五下午组织奥林匹克教育专家团队和研究生团队走进电厂路小学，依托国际奥委会出版的《奥林匹克价值观教育基础手册》大纲及裴东光教授等专家编写的《奥林匹克读本》，为全校学生进行奥林匹克教育课程授课。每周六位专家为六个年级分别授课一小时，计划推行六年。

奥林匹克教育课程的建设从供给侧着力，将重点放在提升课程质量方面，秉持"控制数量、优化结构、提高质量"的综合理念，将奥林匹克教育的目标、内容与现有的课程体系结合起来，优化课程体系结构，形成奥林匹克教育主题化课程群，促进课程的多样化，使现有课程更好地为师生服务。

在电厂路小学，奥林匹克教育已经融入"德智体美劳"全面发展的育人格局。学生们通过系统化、沉浸式的体验课程，活泼的教育内容，丰富多元的活动形式，持续接受奥林匹克教育，一定能够成长为"五育"并举、全面发展的小学生。

二、电厂路小学的奥林匹克教育课程

1. 课程设计思路

拓展课程，是学校对国家课程内容的补充，是关注生存生活、培养体育品德，以集体合作学习为主要形式的主题式课程。其通过创设学生在成长中可能遇到的多种生存、生活情境，使学生掌握必要的逃生手段，学会安全防范、相互协作，培养坚强的意志品质和集体主义精神，树立体育为当前与未来高品质生活方式的理念，达到教育向学生生活实际延伸的效果。

奥林匹克教育课程是我校拓展课程中的一类。其课程设置以国家《体育与健康课程标准》为依据，结合学校实际，以"运动能力、健康行为、体育品德"学科核心素养为引领，有相对独立、完整的课程结构和内容。

奥林匹克教育课程关注学生，满足学生核心素养形成与发展的需要；重视实践，鼓励学生亲身体验与实际操作；强调整合，注重多学科知识的关联与融合；注重效果，对行为表现和锻炼习惯进行评价。

2. 学年课时安排

我校一年级至六年级每学年的奥林匹克教育课程均为2课时。

3. 课程内容与课时分配

我校奥林匹克教育课程内容要点、课时分配见下表。

年级	主题	内容要点	建议课时
一	奥运家族	夏季奥运家族	1
		冬季奥运家族	1
二	奥运项目	夏季奥运会项目 夏季奥运会运动员代表人物	1
		冬季奥运会项目 冬季奥运会运动员代表人物	1
三	奥运观赛礼仪	观看比赛的文明行为	1
		观看比赛的文明用语	1
四	奥运项目基本规则	夏季奥运会比赛项目基本规则	1
		冬季奥运会比赛项目基本规则	1
五	奥运科技与文化	奥运会场馆、奥运装备等	1
		奥运会吉祥物、奥运会火炬	1

续表

年级	主题	内容要点	建议课时
六	奥林匹克精神	奥林匹克精神的定义	1
		奥运励志小故事	1

4. 学业质量标准

我校奥林匹克教育一年级至六年级学业质量标准见下表。

年级	质量描述
一	知道冬季奥运家族的成员； 对其中哪个家族成员感兴趣，并能绘制手抄报与同伴交流分享； 知道北京是世界首座举办过夏季奥运会和冬季奥运会的城市； 能够说出喜欢的奥林匹克运动员
二	能简单介绍1~2个夏奥会项目； 能简单介绍1~2个冬奥会项目
三	能够举例说明观看比赛时的注意事项； 能够举例说明观看比赛时的文明口号
四	能够举例说明1~2个田径项目的规则； 能够举例说明1~2个球类项目的规则
五	能对一些场馆的功能有所了解和说明； 能够设计自己的奥运吉祥物与火炬
六	能够说出身边的奥运精神案例（人物或事件）； 能够结合实际说说自己如何传承奥运精神

5. 课程课次计划

奥林匹克教育课程课次计划见下表。

年级	课次	课程主题	学习目标（主题目标）	情境创设（场地、器材、环境）	活动体验（过程与方法、比赛情景）	学习分享（身心收获）
一	1	奥运家族（上）	知道冬季奥运家族的成员有冬季奥运会、冬残奥会	PPT、视频、教室	1. 教师介绍、讲解冬季奥运家族的成员；2. 通过观看视频和图片资料，学生能说出冬季奥运家族的成员	说一说你最喜欢冬季奥运家族的哪个成员，并说明原因
一	2	奥运家族（下）	知道夏季奥运家族的成员有古代奥运会、现代奥运会、夏季奥运会、残奥会和特奥会	PPT、视频、教室	1. 教师介绍、讲解夏季奥运家族的成员；2. 通过观看视频和图片资料，学生能说出夏季奥运家族的成员	你喜欢夏奥会还是冬奥会，并说明原因
二	1	奥运项目（上）	1. 能够说出4~5个夏季奥运会的比赛项目；2. 认识4~5位夏季奥运运动员	PPT、视频、教室	1. 教师介绍、讲解夏季奥运会的比赛项目；2. 通过观看视频和图片资料，学生能说出夏季奥运会的比赛项目；3. 小游戏：你画我猜	讲一个夏奥会的小故事
二	2	奥运项目（下）	1. 能够说出4~5个冬季奥运会的比赛项目；2. 认识4~5位冬季奥运运动员	PPT、视频、教室	1. 教师介绍、讲解冬季奥运会的比赛项目；2. 通过观看视频和图片资料，学生能说出冬季奥运会的比赛项目；3. 小游戏：你画我猜	讲一个冬奥会的小故事

续表

年级	课次	课程主题	学习目标（主题目标）	情境创设（场地、器材、环境）	活动体验（过程与方法、比赛情景）	学习分享（身心收获）
三	1	奥运观赛礼仪（上）	能够了解比赛时的观赛纪律，并能够文明用语	PPT、视频、教室	1. 教师讲解观看比赛时的礼仪、纪律和文明用语； 2. 利用视频和图片资料进行讲授	说出自己观看比赛时的注意事项
三	2	奥运观赛礼仪（下）	能够了解比赛时的观赛纪律，并能够文明用语	PPT、视频、教室	1. 教师讲解观看比赛时的着装、加油时的文明口号； 2. 利用视频和图片资料进行讲授	说出自己观看比赛时的注意事项
四	1	奥运项目基本规则（上）	了解和学习夏季奥运会2~3个比赛项目的基本规则	PPT、视频、教室	根据学校开展的夏季运动项目进行规则介绍	说出自己喜欢的项目的基本规则
四	2	奥运项目基本规则（下）	了解和学习冬季奥运会2~3个比赛项目的基本规则	PPT、视频、教室	根据学校开展的冬季运动项目进行规则介绍	说出自己喜欢的项目的基本规则
五	1	奥运科技与文化（上）	1. 能够说出北京奥运会比赛场馆名称； 2. 能够说出一些简单的奥运装备	PPT、视频、教室	根据身边的场馆进行介绍	简单介绍自己周边的场馆或者说出一些常用的装备

60

第三章 后冬奥时代奥林匹克教育"不打烊"

续表

年级	课次	课程主题	学习目标（主题目标）	情境创设（场地、器材、环境）	基本部分		学习分享（身心收获）
					活动体验（过程与方法、比赛情景）		
五	2	奥运科技与文化（下）	1. 能够说出北京奥运会的吉祥物名称及火炬名称； 2. 知道并能说出它们的设计意图； 3. 自己尝试设计火炬	PPT、视频、教室	1. 熟悉各国的奥运会吉祥物与火炬； 2. 自己设计火炬； 3. 展示		对北京夏奥会和冬奥会的吉祥物与火炬有所了解
六	1	奥运精神（上）	1. 能够说出奥运精神的内涵； 2. 如何学习奥运精神	PPT、视频、教室	观看影片，了解奥运精神		与同学分享自己所理解的奥运精神
六	2	奥运精神（下）	知道1~2个奥运励志小故事	PPT、视频、教室	1. 学生以小组为单位，分组交流展示奥运赛场上运动员的小故事； 2. 教师小结； 3. 学生谈收获		说一说从你身上学习到哪些品质？奥运励志故事对你的学习和生活有哪些影响

61

续表

年级	课次	课程主题	学习目标（主题目标）	情境创设（场地、器材、环境）	基本部分		学习分享（身心收获）
					活动体验（过程与方法、比赛情景）		

年级	课次	课程主题	学习目标（主题目标）	情境创设（场地、器材、环境）	活动体验（过程与方法、比赛情景）	学习分享（身心收获）
六	1	补充提升：奥运兴衰史	知道现代奥运会的发源地、比赛项目	教室内运用多媒体投影仪展示PPT	1. 教师围绕教学目标发言； 2. 小组代表发言，在1分钟内完成对问题、依据、结论的阐述； 3. 教师展示PPT，和学生一起讨论并验证研究结论是否成立； 4. 学生自主拓展、延伸环节	1. 现代奥运会的发展历程； 2. 奥运会项目的演变； 3. 中国参加奥运会的发展历程
六	2	补充提升：奥运价值观的形成	1. 知道奥运会意义及奥运价值观对青少年的积极意义； 2. 掌握奥运价值观对奥运受关注度、爱国情感和社会主义核心价值观的重要作用； 3. 培养爱国热情和民族自豪感、自信心	教室内运用多媒体投影仪展示PPT	1. 教师介绍，讲解奥运价值观的相关知识； 2. 教师以提问形式引导学生积极思考； 3. 学生分小组讨论、合作学习； 4. 教师提问，检测学生对知识的掌握情况； 5. 学生自主拓展、延伸环节	1. 奥运价值观对传播社会主义核心价值观的意义； 2. 在观看奥运会上中国队参加的比赛时，你的感受如何？ 3. 如果你参与奥运志愿服务，将如何贡献自己的力量？

62

6. 课程评价方案

奥林匹克教育课程评价的主要目的是激励每个学生不断发展，增进他们对奥林匹克教育的认识，学习冬奥知识，掌握冰雪技能，传承奥林匹克精神。

奥林匹克教育课程的评价，以课程目标和课程内容为基本依据，充分体现课程的基本理念和基本原则，尊重每个学生的学习习惯、生活态度、探究能力和运动技能的独特性。

奥林匹克教育课程评价与教学实施、课程开发是一个整体。评价不仅是为了学生的学习结果，而且是丰富多彩的学习过程。在评价过程中，学生互相讲述活动过程，分享探究发现和活动体验，交流作品和活动心得，这些都是学生学习的生动体现。

奥林匹克教育课程评价倡导多元、开放、整体的学生评价观。评价目标、内容、手段和方法开放、多元，关注学生的全面发展。

（1）评价目标和内容的确定。

①把活动主题与学生的个性特点结合起来。奥林匹克教育课程采用的基本学习形式是主题综合实践活动。教师在评价学生的学习时，既关注所有学生都要达到的共同目标，又关注不同学生对同一主题的独特表现和各自的优势。

②既关注目标与内容的整体性，又有所侧重、突出重点。奥林匹克教育课程的情感与态度、行为与习惯、知识与技能、过程与方法四个方面的目标是有机联系的整体。在确定一个主题活动的评价目标时，既要关注目标的整体性，又要避免平均主义，要根据主题的性质和特点突出重点目标。例如，在社会调查类活动中，侧重过程与方法；在冬奥历史、冬奥明星等主题活动中，侧重情感与态度；在冬奥项目、会徽设计等主题活动中，侧重知识与技能；在观赛礼仪等主题活动中，更关注学生的行为与习惯。

③把预设目标和活动的生成性结合起来。在活动评价时，既要关注活动的既定目标，又不应拘泥于此，仅根据预设目标的达成度来评价活

动的成功与否。奥林匹克教育课程的评价应充分重视活动的生成性和学生的实际表现，把预设和生成结合起来。

（2）评价方法的选择。

奥林匹克教育课程的评价以质性评价为主，量化评价为辅，重视学生在课程中的个性化表现。采用的评价方法主要有观察、访谈、问卷、成长资料袋和作品分析等。

教师观察并记录学生在活动中的各种表现，如学生行为、情绪情感、操作体验情况和活动状态等，以此对学生进行综合评价；教师通过与学生各种形式的谈话，获得有关学生发展的信息，了解学生思想情感的变化；教师设计问卷，组织学生填写问卷，获得有关学生发展的信息；用成长资料袋或活动记录册等方式，收集学生成长过程中的各种资料；通过对学生各种作品、活动成果的分析，了解学生的活动过程和发展状况。

不同的评价方法具有不同的功能和作用，在评价实施中，应注意综合运用。

（3）评价时注意的要点。

①关注过程。重视对学生活动过程的评价，重视学生在活动过程中的态度、情感、行为表现及努力的程度。关注学生在活动中是否积极投入、努力探索思考、想办法解决问题、主动与同学讨论、克服困难等。即使活动的最终结果没有达到预期目标，也应从学生体验、宝贵经验的角度加以重视，而不是仅仅关注最终的结果。

②追求多元。评价主体多元，学生既是评价的对象，也是评价的主体，积极鼓励学生自评、互评，鼓励家长与其他有关人员广泛参与；标准多元，不用统一的标准去评价所有学生；尊重差异，关注每一个学生在其原有水平上富有个性的发展；渠道多元，分析学生的语言或非语言表达，收集学生的各种作品，汇集来自教师、学生、家庭、社区等多方面的信息，力求准确、全面地评价学生。

（4）评价结果的解释与运用。

教师应客观、全面、谨慎地解释评价结果，以获得对学生全方位的深入了解，避免以偏概全。通过对评价结果的解释，教师不仅能够比较客观地评价每个学生不同的发展水平和学习状况，更重要的是能够发现每个学生的个性特点、学习特点、发展优势或进步等。以此为基础，教师可以进一步在后续活动中提供更有针对性的指导，从而帮助学生不断积累成功体验，健康自信地成长。不能根据评价结果对学生分等级、划类别，甚至作为惩戒学生的依据。

评价结果也是反思与改进教育教学的重要依据，应利用评价结果进一步发现问题，改善教学，切实提高课程质量。

三、奥林匹克教育主题化课程的启动与相关活动

1. 巴尼教授的祝福来信

原文：

Greetings! Students, faculty, visitors,

There to Dianchanglu School in Beijing, the primary school. I would like to send my greetings to principal Xue Dong and, of course, you, Professor Donnie Pei, and his worthy colleague Professor Ru. And to congratulate the school and the students, and their faculty and principal for putting in place the Olympic education program that was established in China by Donnie Pei at Capital University of Physical Education and Sports years and years ago before the 2008 Games. So, I wish you all on this happy occasion——You will have a wonderful meeting. To carry on this Olympic Education at your school, writing to the future and for those who come along to your school after you. Congratulations!

译文：

远在北京电厂路小学的各位同学、老师、来宾：

你们好！

首先向薛东校长送上我诚挚的问候，同时向裴东光教授和他的同事茹教授问好。祝贺电厂路小学的同学、老师和校长对奥林匹克教育的精耕细作！这项活动是首都体育学院裴东光教授早在2008年奥运会之前的很多年前在中国创立的。在这美好的时刻，祝愿你们的活动精彩纷呈！希望你们赓续奥林匹克教育，为后来者书写美好的未来！再次祝贺！

2. 奥林匹克教育主题化系列课程进校园活动

2023年3月10日，"高校引领 一起向未来"奥林匹克教育主题化系列课程进校园活动启动。秉持一个不能少、全员参与奥林匹克教育的育人理念，中国中小学奥林匹克教育微学院依托北京冬奥组委、首都体育学院奥林匹克研究中心编写的《奥林匹克教育读本》，在学校展开奥林匹克教育主题化系列课程的实施。该系列课程分为古奥运探秘、现代奥运会、残奥会、双奥北京4个模块，每个模块7个课时，帮助学生系统地学习奥林匹克相关知识，了解奥林匹克文化。

顾拜旦终身成就奖获得者、国际奥委会奥林匹克银质勋章获得者巴尼先生，国际奥林匹克研究中心主任安吉拉·施耐德为本次活动发来祝福视频。

全国田径冠军赛总决赛"十项全能"冠军秦国远作为特邀嘉宾参加此次活动，并和学生一起参与体验。

该课程的突出特色是通过"学科＋术科""室内＋户外"的授课方式，让学生们从"动"中获得奥林匹克相关知识，感受卓越、尊重、友谊的奥林匹克核心价值观。此活动标志着我校奥林匹克教育在后冬奥时代实现课程化、可持续化。

2023年3月10日，学校开启了第一次奥林匹克教育主题化系列课程，与首都体育学院奥林匹克研究中心一起合作，连续七周，通过七次课程顺利完成第一个主题课程"古奥运探秘"。

每名学生都完成了古奥运会五项全能的知识学习和技能挑战，学校为每名学生颁发"古奥运五项全能运动知识小达人"证书和"古奥运五项全能运动小勇士"证书。课程的实施，让我们看到了孩子们在冬奥教育中的成长、变化及综合素养的提升。

2023年10月13日，奥林匹克教育主题化系列课程的第二个主题"中华体育寻根"将启动。让我们共同期待！

3. 其他活动

2010年加拿大温哥华冬奥会短道速滑女子3000米接力冠军张会，到电厂路小学参观奥林匹克教育成果。

我分别于2021年6月、2023年2月在北京体育广播《双奥之声》栏目中介绍奥林匹克教育主题化课程的具体实施。

2023年3月13日，我校学生代表和冰壶队参加纪念北京冬奥会、备战奥运会成功举办一周年活动暨"冰雪向未来"北京市中小学生冬奥场馆奥林匹克教育系列活动，感受后冬奥时代冰雪运动的乐趣。

2023年4月1日，我校部分学生现场观看2023全国短道速滑冠军赛，为选手加油，感受冰雪运动精神。

四、北京冬奥精神引领我校"大思政课"教育

在北京冬奥会和冬残奥会表彰大会上，习近平总书记阐述了北京冬奥精神。北京冬奥会为学生价值观教育提供了丰富的素材。抓住冬奥元素，将北京冬奥精神融入"大思政课"，把蕴含其中的育人资源梳理、转化为适合小学生特点的实施模式，不仅可以拓宽学生视野、提升综合素养，而且可贯穿立德树人全过程，用"小载体"实现"大德育"。

1. 实施背景

北京冬奥会、冬残奥会的广大参与者在冬奥申办、筹办、举办的过程中，共同创造了"胸怀大局、自信开放、迎难而上、追求卓越、共创未来"的北京冬奥精神，其中也包含电厂路小学全校师生做出的贡献。

北京冬奥精神给我们教育工作者很多启示，包括冬奥精神在内的奥林匹克教育是可以传承的，在后冬奥时代迎难而上、追求卓越仍然是孩子们不可缺少的品质。如何用好北京冬奥遗产，丰富思政教育资源，发挥立德树人作用，是摆在教育者面前的一道考题，我们需要挖掘、拓展北京冬奥精神的文化内涵和教育价值，搭建思政教育平台，延续美好的"冰雪之约"。

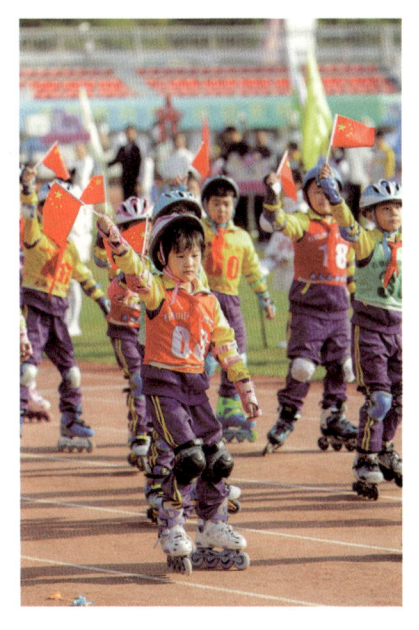

冬奥小学 ················ 一起向未来 ················

北京冬奥精神相较于奥林匹克精神，更具有北京特色，是我校大思政课教育的引领思想。后冬奥时代，北京冬奥精神可以通过意志品质教育、文化自信心和民族自豪感教育、人类命运共同体教育等多种路径，由浅入深、由小及大、由点到面，持续引领我校大思政课教育，这具有高度的可行性和重要性。

2. 实施路径

在后冬奥这篇大文章里，弘扬北京冬奥精神，应该是一以贯之的一条主线。其中，讲好北京冬奥故事，又是弘扬北京冬奥精神的重要依托。生动讲述这些故事，就是在传播北京冬奥文化，就是在弘扬北京冬奥精神。

（1）学习冬奥榜样，树立正确价值观。

哲学家雅斯贝尔斯曾说，教育的本质，是一棵树撼动另一棵树，一朵云推动另一朵云，一个灵魂唤醒另一个灵魂。北京冬奥会对学生具有榜样效应，使北京冬奥精神长期为学生提供持续成长的思想养料与精神力量。

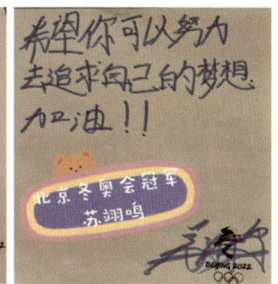

小学生正处于价值观塑造期,在这个关键期特别需要榜样引导。教师要深入发掘北京冬奥会的运动员、志愿者、学生身边同龄人的事迹,使"小故事"有大作为,以鲜活的育人素材打动人、感染人、启迪人。

①树立运动员榜样,坚定成长目标。

万丈高楼平地起。功成名就,背后都是旷日持久的刻苦和付出。真正的强者是靠实力赢得尊重,真正的美丽不是外表,而是力量、自信和健康。当你目标明确时,才能一往无前,你的付出和努力都不会被辜负。

武大靖平淡地描述自己那双遍布伤疤、老茧和骨头变形的脚时说:"我有一双很丑的脚。"他的脚着实让学生们心疼。可正是在这种情况下,武大靖为北京冬奥会中国体育代表团夺得首金。

  谷爱凌表示参加北京冬奥会一直是她的梦想。平日里，她保持高度自律，每天保证 10 小时以上的睡眠时间。在训练时，她力争把每个动作做到最好。为了避免打乱节奏，在雪上训练时她能一连几个小时不吃东西、不喝水。

  18 岁的苏翊鸣在北京冬奥会上收获一金一银两枚奖牌。作为他的"粉丝"，电厂路小学学生白欣妍于 2022 年 2 月 15 日现场观看了苏翊鸣的夺金比赛。她珍藏着苏翊鸣在备战冬奥会时写给她的一封亲笔信。苏翊鸣在信中说："作为你的大哥哥，此时，我正在努力训练，争取在北京冬奥会上取得好的成绩，为祖国争光，也希望你和我一样努力。"

  "苏翊鸣在大跳台上的样子很帅！他说努力和热爱才是最好的天赋。我擅长的冰雪项目是冰壶，我的梦想是将来能成为一名冰壶运动员，争取有一天也能够站在奥运赛场上为国争光。"白欣妍有自己的冬奥榜样。

  北京冬奥会期间，我校组织学生观看了各项赛事，还有部分学生到现场观赛。冬奥会奖牌背后有像武大靖等征战多届奥运会的老将的坚持和执着——让学生们懂得成功是需要奋斗的，梦想的实现需要持之以恒；苏翊鸣、谷爱凌等年轻运动员以惊艳的表现、强烈的责任感，成为学生们的新榜样。他们让学生们不仅树立正确的偶像观，知道该追什么样的"星"，而且作为学习的榜样，鼓舞更多的学生加入冰雪运动，激发学生们的爱国主义精神，促使他们立志成为团结向上、拼搏向前、敢于挑战、突破自我的新时代好少年。

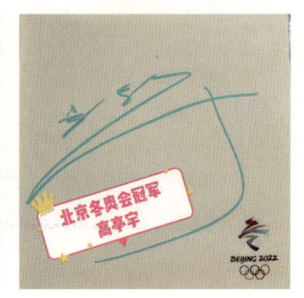

②树立志愿者榜样，争做志愿者。

在北京奥运会观赛过程中，除了精彩的赛事外，冬奥赛场内外志愿者的微笑和不辞辛劳、热情周到的专业服务也吸引了学生们的目光。特别是当老师向同学们介绍志愿者平时训练一站就是好几个小时、一跑就是好多圈的"魔鬼"培训过程时，他们更是钦佩不已。他们将冬奥志愿者作为自己的榜样，都想成为一名志愿者，在平时的生活中在社区里用自己的实际行动传递文明。

目前，我校学生家庭中已有1个全国冬奥最美家庭、1个首都冬奥志愿家庭、62个区级冬奥志愿家庭、15个冬奥社区志愿家庭。这些冬奥家庭用各自的行动展示志愿精神和劳动精神，也作为"文化使者"在不同的场合为大家宣讲自己的冬奥故事，传播冬奥精神。

2022年9月，团中央主管的中国光华科技基金会携手北京航空航天大学与电厂路小学，以"志愿服务""航空航天"为主题开展云课堂学习教育活动，大学生志愿者走进校园，进一步提升学生志愿服务的意识和技能，促进学生多种能力的提高。

③树立身边的学习榜样，携手一起前行。

我校注重用身边参与冬奥的师生的亲身经历和真情实感作为教学案例，感染身边人，将个体思想意识升华为学生的群体意识和价值追求，有效激活冬奥精神的育人价值。在我校2021—2022学年度第二学期开学典礼上，参与冬奥火炬传递的校长、冬奥会现场观赛的同学、为场馆和社区进行志愿服务的师生志愿者、战胜病魔重返校园的姚月同学，分别为全校师生分享了参与冬奥、助力冬奥的切身经历和感受。分享的目的是参与冬奥的机会难得，让孩子们对学校引以为豪；通过这些师生传播冬奥精神，为大家树立学习榜样，引领更多学生携手前行。

（2）抓住冬奥契机，开展心理健康教育。

儿童和青少年的心理健康已成为日益突出的重大公共卫生问题。对小学生开展心理健康教育，是保证其健康成长的迫切需要。教育部《关于加强学生心理健康管理工作的通知》要求进一步提高学生心理健康工作的针对性和有效性，注重安排形式多样的生命教育、挫折教育。

①坦然面对生活中的挫折与失败。

北京冬奥会赛场竞争激烈，不是每一名运动员都能取得金牌。挫折与失败是运动员的一堂必修课。苏翊鸣在其第一个项目拿了银牌之后他并没有抱怨（裁判的打分确实有失误），在坦然面对的同时还祝贺对手。他的教练也希望观众不要再责怪裁判。苏翊鸣迅速调整好心态，在第二个项目中凭自己的实力，拿到了金牌。

学生在成长过程中同样会遇到各种各样的竞争和压力——学习压力、人际关系……这无疑是人生的常态。如果学校对挫折教育重视不够，那么一些学生可能会难以承受压力，或者难以坦然面对挫折和失败。没有谁能一帆风顺，学校在引导学生勇敢地直面挑战、参与竞争的同时，也要教会学生如何面对失败和挫折。

通过冬奥榜样的事迹开展挫折教育，是非常有效的教育手段，因为成功的运动员大多都是能直面失败、不惧挫折，将一次次失败转化为成功之基石的人。榜样的力量，可以使孩子们在与失败、挫折的"交锋"之中韧性得到提升，抗挫折能力得到提高。

②家庭教育助力心理健康教育。

世界上没有什么比纯洁的心灵更可贵，更值得珍视，尤其是孩子的心灵。参加北京冬奥会的谷爱凌、苏翊鸣等运动员的成长会影响很多人，他们的成功离不开家庭教育的引导。每个孩子都能成为更好的自己。在多元教育的背景下，培养孩子需要尊重兴趣和选择，尊重教育常识和成长规律，帮助他们认识自己的天赋、发展自己的天赋。

"武大靖的脚虽然变形得很厉害，但他从来没有放弃梦想。"每个人真正的敌人始终都是自己，拼尽全力、不轻言放弃的人都应该被尊重。家长不能溺爱孩子，当孩子遇到一些困难时，家长首先教育孩子应该坚持，要培养吃苦精神，如参加体育运动，要把奥林匹克精神和学生自身加强体育锻炼结合起来，鼓励学生积极锻炼，从而激励学生强健体魄、磨炼意志。

苏翊鸣拿到金牌之后，他第一时间想到自己的爸爸、妈妈，感谢他们

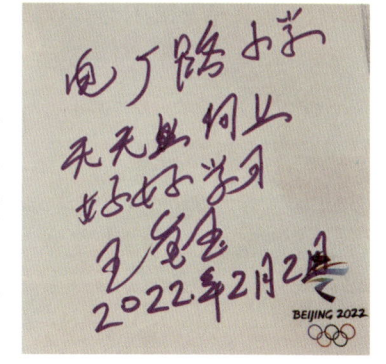

77

的培养和支持；新冠疫情隔离期间，他一一回复了大家给他的生日祝福。这一切都让人认识到，做一名懂得感恩的学生需要良好的家庭教育。

（3）用贯穿冬奥的传统文化元素，树立文化自信。

北京冬奥会是一场中国传统文化元素的盛宴。这些传统文化元素在北京冬奥会中无处不在，而且它们不是孤立的、割裂的，是同奥林匹克精神巧妙地融合在一起。

①冬奥会是直观的中华优秀传统文化教育。

"冰墩墩"和"雪容融"背后，有着深远的文化意义。北京冬奥会从会徽、火炬、奖牌、吉祥物、体育场馆的设计，到开闭幕式环节，独具中国特色的传统文化元素比比皆是。这些无不向世界展示了中华民族深厚的文化底蕴，为世界留下了独特的中国记忆，增强了学生们的文化自信。

②深入开展传统冰雪运动文化研究。

在传统中找寻力量，做好传承和延续。始于好奇，终于文化，践于行动，在北京冬奥会大背景下，我校教师挖掘中华优秀传统冰雪文化，通过课堂实践，带领学生了解我国清代长卷《冰嬉图》、新疆维吾尔自治区古老的《阿勒泰滑雪》……冰雪文化无限的魅力，感染了更多的学生，激发了他们参与冰雪运动的兴趣和继承、弘扬优秀传统文化的意识。

（4）新冠疫情中的冬奥会，是开展国际理解教育的契机。

国际奥委会主席托马斯·巴赫说，在当前充满不确定性的多元化世界，奥运会比以往任何时候都更成为全人类希望、和平和团结的有力象征。疫情下的国际团结、合作与互助，使得北京冬奥精神在这个特殊的时期被赋予更加深刻与现实的意义。

①疫情中的爱国主义教育。

国际奥委会主席巴赫盛赞北京冬奥会是新冠疫情下举办的一次伟大的冬奥会。北京冬奥会不惧疫情，如期举办。我校学生通过一个个冬奥镜头，看到了北京冬奥会防疫措施为涉奥人员的健康保驾护航，感受到各国运动员共同克服疫情的坚定信心，和开放的中国的大国风范，更为疫情期间只有中国才能举办这样安全的盛会而自豪。学生们为自己出生在一个伟大而有担当的国家，成长在一个最好的时代而感到幸福、自豪，增强了民族自信心和国家认同感。

②疫情中的国际理解教育。

有人说："冬奥结束了，心里空落落的，仿佛经历了一场微型失恋。"有人说："体育的快乐好纯粹，笑、泪都动人，我为运动最原始的魅力所折服，我被人类最直接的悲欢感动。"有人说："世界各地的人们再次相聚、竞技、交流、互通，在被疫情阻隔了许久之后，我们太需要这种活力了，它几乎是一声有力的呐喊，特别提气！"

国际奥委会主席巴赫说："You give peace a chance."（你们给了和平一个机会）。

也许，这些就是奥运的意义吧。

加强小学生国际理解教育是奥林匹克教育的任务之一，其最终目的是帮助学生树立人类命运共同体意识，养成国际化的视野和胸怀。弘扬奥林匹克精神是培养青少年国际参与意识的最佳契机之一。

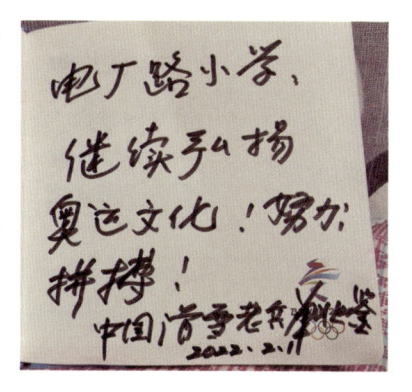

我校通过"冬奥带我看世界"课程的实施，引领学生了解不同国家的文化，学会和不同文化背景的友人进行交流和交往，学会接受并尊重多元化，增强面向国际参与的意识与综合能力，增进学生对北京冬奥精神的理解，对开放包容的文化自信力的理解，最终成为具有国际视野、

"一起向未来"的小公民。

（5）依托冬奥中的科技环保元素，开展生态文明教育。

①向学生传递绿色低碳环保的可持续发展理念。

"微火"方式的冬奥会主火炬实现零碳排放；利用二氧化碳打造"最快的冰"；所有竞赛场馆全部使用绿色电力……北京冬奥会以"润物细无声"的方式，践行"绿色办奥"的理念。这也使生态文明教育、科技教育和可持续发展理念深入学生们的内心，激发他们的自豪感，引导他们学好科学文化知识。

②生态文明教育助力"爱我家乡石景山"。

坐落在石景山区的首钢滑雪大跳台，是践行北京冬奥会可持续发展和节俭办奥的典范，是冬奥会历史上第一座与工业遗产再利用相结合的竞赛场馆。这只是首钢变化中的一点，学生们多次走入首钢进行研学活动，每一次都有新发现；广宁街道高井路社区是全国首个冬奥社区，也是学校的辖区，在"我家门前办冬奥"的征文中，孩子们笔下的社区，从一条一年四季垃圾遍地、污水臭水横流的"高井沟"，变成了冬奥主题休闲河道公园……孩子们感受到环境的变化，也更加爱护环境。

冬奥让家乡更美好。在这种生态文明教育的"社会课堂"上，首钢和高井路社区的"靓变"，既是对学生进行的爱家乡教育，也让学生们懂得尊重自然，增强要像保护眼睛一样保护自然和生态环境的意识；践行绿色低碳行为要从我做起，从点滴小事做起。

五、后冬奥校园冰雪运动大有可为

北京冬奥会、冬残奥会的举办让校园普及冰雪运动找到了发力点。学生们热爱运动、热爱冰雪、热爱挑战的兴趣被唤醒，在心中种下了冰雪运动的种子。

结合动静之美、取舍智慧的冰壶和快节奏、强对抗的冰球,以及极其考验控制力的滑雪和射击等竞赛项目让更多的学生参与冰雪运动。这也是奥林匹克运动精神的应有之义。国际奥委会主席巴赫认为,实现让三亿人参与冰雪运动的愿景,永远改变了冬季运动历史。电厂路小学作为奥林匹克精神和奥林匹克运动的践行者,为世人展开了一幅冰雪运动的动人画卷。

1. 冰雪运动的教育价值

要使学生对一项运动保持热爱,除加大宣传、完善环境外,更要深挖其背后的文化资源,形成思想上的认同。冰雪运动不仅是一种运动、技能,还是一种教育、生活,更是一种精神。它是以生活为空间、以技艺为载体、以精神价值为追求的身体教育。

冰雪运动具有其他体育运动项目无法替代的教育价值。滑冰、滑雪运动都是靠单脚或双脚支撑身体,在不稳定状态下滑行和旋转,有利于促进青少年身体形态、机能、素质的全面发展,特别是力量、速度、灵敏、柔韧、平衡等素质的综合发展。此外,冰雪运动大多集速度与激情于一身,对身体、情绪、环境感知的要求高,需要运动者战胜自我、挑战极限。这种魅力只有亲身参与才能更好体会。

厚植学生参与的土壤，曾经小众的冰雪运动，如今已融入电厂路小学学生日常生活。从强健体格到塑造人格，从学习掌握运动技能到培养迎难而上的拼搏意识；从增强团队协作能力到提高临场应变能力，从项目专业化训练到培养竞技冰雪后备人才，校园冰雪运动在学生的成长中持续发挥多元价值。冰雪运动不仅为孩子们增强身体素质、锤炼意志品质提供平台，更为他们的全面发展奠定基础。我校的冰雪运动获得跨越式发展。

冰雪运动就像一扇窗，让孩子看到更广阔的世界。北京冬奥会之后，作为国家体育总局命名的全国唯一一所"冰雪学校"，电厂路小学需要充分发挥示范引领作用，让后冬奥冰雪运动的开展有更多底气，为巩固和扩大"带动三亿人参与冰雪运动"的成果做出自己的更大贡献。

2. 校园冰雪课程丰富课后服务

我校冰雪运动从零开始，从部分学生参与到全校学生参与，从全员参与到培养特长学生，从隆冬到盛夏，孩子们始终坚持自己的冰雪梦想，取得显著成效。

（1）"3+8+5"冰雪运动校本课程实施模式。

我校2020年建成全国第一条学校真冰冰壶道，形成"3+8+5"冰雪运动校本课程实施模式。其中"3"代表全校学生每学年参加上冰、上雪体验和真冰冰壶训练（全员普及体验）；"8"代表旱地冰球、旱地冰壶、越野滑轮、冬季两项、冰蹴球、轮滑、雪车、轮滑冰球8个冰雪项目的个性化训练（注重特长培养）；"5"代表冰球、冰壶、越野滑雪、短道速滑、冬季两项等5个真冰、真雪项目（开展专业训练）。

（2）后冬奥时代是校园冰雪运动的新开端。

在"双减"背景下，后冬奥时代是校园冰雪运动的新开端。我们将对北京冬奥会期间形成的冰雪教育资源进行整合，丰富课后服务内容，在"强健体魄""培树精神内涵"上做加法，使冰雪运动带动体育、体育带动"德智美劳"四育，推进"五育并举"，促进学生全面发展。

在一次次训练和比赛中，孩子们收获的不仅是技能、成绩，还有对冬奥精神的理解；在一次次拼搏中，孩子们克服困难、团结奋进。在比赛中，面对强大的对手，孩子们毫不畏惧，敢于接受挑战，敢于战胜对手，即使失败了也通过总结经验再接再厉，团队变得"更快、更高、更强——更团结"。

3. 承担"全民冰雪公开课"，带动冰雪运动普及

党的二十大报告指出，"广泛开展全民健身活动，加强青少年体育工作，促进群众体育和竞技体育全面发展，加快建设体育强国"。

让更多的人从冬奥遗产中受益是实现冬奥遗产利用效益最大化的价值遵循。我校2022年成为国家体育总局冬季运动管理中心"全民冰雪公开课"的承办单位和示范单位。假期安静的校园热闹起来，一名学生带动一个家庭，学生和家人、亲戚、伙伴、朋友到学校的冰壶馆运动。学生们走进乔波滑雪场、国家速滑馆、首都体育馆参加各项开放日冰雪体验活动，感受冰雪运动的魅力。

在体验冰雪运动的过程中，我校为学生搭建展示平台，使他们成为志愿者、传播者、小教练，感受到展示才华与帮助他人的成就感、承担任务与履职尽责的使命感、付出智慧与劳动的价值感。这种"小手牵大手"的形式，不仅带动家庭参与体育运动的热情，形成良好的锻炼习惯和健康的生活方式，还促进了家庭和谐、增进了亲子关系。

针对冰雪运动"一次性"体验者过多，深入度、专业度不够的问题，我校坚持对外持续开放校园冰雪场地，积极探索冬奥遗产的传承利用，为周边学校、社区居民、企事业单位提供全民健身场所，提升"冰雪学校"公共服务水平，满足冰雪运动爱好者的需求。这些做法实现了场馆的高效可持续利用。这也是作为一名教育者、体育人的担当。

4. 冰雪运动观赛礼仪

平时，我校通过课堂、橱窗、校园广播等方式向学生普及观赛礼仪。

（1）基本观赛礼仪。

准备食物：应根据比赛持续时间准备食物、水。赛场内也可能有食物贩售。饮料不易过安检。注意自备垃圾袋装垃圾。

着装：观众的衣着应整洁、大方，不能太过随意。

安检：请勿携带宠物、罐（瓶）装饮料、刀具和烟花等易燃易爆品，以及其他危险物品。

入（出）场：观众应在开赛前入场，并尽快坐到观众席上等待比赛开始。进出场地要有序，请勿在赛场内喧哗。注意爱护赛场内设备。

比赛时应关闭手机铃声，比赛中接打电话时请勿大声，有特殊情况时可通过短信等无声方式；比赛进行时尽量不要走动；重新入场时如有运动员正在比赛，应在后排不影响其他观众位置观看，等场上运动员结束比赛后再回到座位；每一位参加比赛的运动员平时训练都付出很多努力，应给予每位运动员掌声和鼓励，无论是否熟悉该运动员；不随地吐痰，不乱扔东西，即使旁边是空座也不要在上面放置个人物品。

颁奖：场内依次播报获奖运动员姓名、运动员入场时，应热烈鼓掌；升国旗、奏获得金牌运动员国家的国歌时，应行注目礼，勿喧哗，勿在场内走动等；升他国国旗时，请勿起哄或发出"嘘"声。当获得金牌的运动员来自中国时，可跟唱国歌。当获奖运动员在奖台上合影或绕行冰场向观众致意时，应给予掌声。

（2）项目观赛礼仪。

① 花样滑冰项目。

热身时：每场比赛运动员会分组热身，单人滑运动员每组不超过6人，双人滑及冰舞运动员每组不超过4对。热身时如现场播报运动员姓名，应给予每位运动员热烈的掌声。

运动员登场时：当现场播报下一位比赛运动员姓名时，运动员仅有30秒做准备活动，超过30秒而不足60秒其总分会被减去1分，超过60秒才开始竞赛的运动员会失去比赛资格，所以观众此时应给予运动员热烈的掌声或欢呼声，然后尽快安静下来让运动员能够专注于热身或比赛。

比赛过程中：

单人滑的主要技术动作为跳跃、旋转和步伐。其中，因为跳跃有连跳和单跳，所以观众不应在整个跳跃动作完成前给予掌声，避免影响运动员。运动员做旋转和步伐动作时则无比要求。

双人滑的主要技术动作为捻转、捻转、单跳、抛跳、托举、接续步、螺旋线和一组旋转等。其中，捻转和抛跳时观众不应在运动员完成整个动作前给予掌声，其他动作则无要求。

冰舞的主要技术动作为舞蹈托举、舞蹈旋转、捻转步伐、接续步等，对掌声时间无要求。

运动员动作失误时，观众不可有喝倒彩或其他不尊重运动员的行为，应鼓励运动员忘却失误继续投入比赛。

在中国举行的花滑比赛不限制照相及摄影，但请勿开启闪光灯，以免影响运动员。

当表演音乐停止后，如果对运动员的表现非常满意，观众可起身站立鼓掌（这是对运动员的最高评价），也可向场内投掷花束或玩具、娃娃等。花束最好有一层外包装以免散开，请勿投掷重物以免损伤冰面，严禁投掷带有恶意的物品。投掷时应来到前排，勿砸到工作人员或冰童。

② 短道速滑项目。

当运动员站在起跑线上被介绍时，观众可给予热烈的掌声或欢呼声，以表示喜爱和支持。在裁判员发出"各就位"口令后，即运动员俯身准备起跑时，赛场应保持绝对的安静，观众不要鼓掌呐喊，以免使场上运动员分神。当发令枪响后，观众可以完全释放激情为自己的偶像呐喊助威。

比赛结束时，获胜运动员为答谢观众一般会绕场一周，此时观众可给予掌声或欢呼声。

③ 冰球和冰壶项目。

冰球和冰壶都是较受欢迎的冰上集体运动项目，它们一动一静，给人带来的观感不同，对观众文明观赛的要求也不同。作为观众，我们该如何观看这两个运动项目的比赛呢？

冰球是对抗性较强的冰上集体运动项目之一。在观看冰球比赛前，观众应提前了解冰球文化。当球员进球时，观众应挥舞手中的白色毛巾为队员加油鼓劲。冰球比赛拼抢激烈，在规则允许的条件下，运动员之间可以合理冲撞，观众对此应了解，理性支持裁判判罚，不可起哄。当然，身体对抗并不是冰球比赛的全部，在有限的时间内，双方选手在速度、技战术上的较量，才是冰球比赛最精彩的地方。

冰壶是一项兼具技巧与谋略的"绅士运动"。参赛运动员需要有全局的规划和严密的逻辑思维，以及在场上冰壶排列不断变化的情况下迅速做出反应的能力。冰壶队员投壶前需要相对安静的环境冷静思考，现场观看冰壶比赛时，观众要注意保持安静。观众照相时要关闭闪光灯，因为场上光线的强烈变化会打扰运动员思考。冰壶投掷动作完成后，观众可鼓掌助威。

5. 北京冬奥会开幕一周年暨寒假校园冰雪嘉年华活动

为纪念北京冬奥会成功举办一周年，弘扬北京冬奥精神，传承冬奥教育遗产，引领师生及家长持续参与冰雪运动，2023年2月4日，北京冬奥会开幕一周年暨寒假校园冰雪嘉年华活动在我校和冬奥社区滑雪场举行。40多个学生家庭参加冰壶、滑冰、越野滑雪等体验项目。

6. 中国U20男子冰球队参加我校开学典礼

2023年2月13日，电厂路小学举行"牵手你和我 一起向未来"2022—2023学年第二学期开学典礼暨学生学期综合表彰活动。中国U20男子冰球队队员受邀参加此活动，为受表彰学生颁奖，为全校师生上新学期"开学第一课"。

开学典礼结束后，中国 U20 男子冰球队队员指导电厂路小学冰球队的学生进行冰球训练。训练后，他们饶有兴致地参观了学校"小小冬奥博物馆"和真冰冰壶馆。

7. 明日之星·2022—2023 中国银行中国青少年滑雪公开赛总决赛

2023 年 2 月 21—22 日，电厂路小学组织 25 名学生参加在北京万科石京龙滑雪场举行的"明日之星·2022—2023 中国银行中国青少年滑雪公开赛"总决赛越野滑雪项目竞赛。苏宇晨、王天祎分获 U12 男子、女子超级短距离 200 米传统技术组别比赛第八名和第十名。王天祎、苏宇晨参加集体出发 U12 男子、女子 2.5 千米自由技术组别比赛，顺利完赛。

六、"两个奥运同样精彩",扎实开展冬残奥教育

习近平总书记提出要确保实现"两个奥运同样精彩"的目标,特别是要在青少年中树立理解、关心、尊重、帮助残疾人的社会风尚。国际残奥委会主席安德鲁·帕森斯说,残奥会的一个使命,就是倡导多元化,倡导包容。《北京2022年冬奥会和冬残奥会中小学生奥林匹克教育计划》提出,要以奥林匹克精神感染和带动中小学生,扎实开展奥林匹克教育。

冬残奥运动员在赛场上奋力拼搏的同时,为实现"让奥运盛会惠及社会发展""让世界更加相知相融"的愿景,北京冬奥组委也在不断加强残奥价值观教育。我校以此为契机,将残奥教育与立德树人相结合,面向师生传播勇气、毅力、激励和平等的残奥核心价值观,形成残奥教育可持续实施模式。

1. 残奥教育的目标定位

(1)了解残疾人奥林匹克运动及残奥精神,引导学生学习残疾人运动员自强不息、顽强拼搏的精神和乐观、自信、自立的品质,帮助学生树立正确的价值观。

(2)通过残奥会这个"生命教育"课堂,对学生进行心理健康教育,教育学生珍爱生命。

(3)营造"残健融合、共享、包容"的氛围,增强学生扶残助弱、关爱他人的意识,学会尊重和平等对待残疾人,培养学生的社会责任感。

2. 残奥教育"五位一体"的实施模式

我校将残奥教育纳入德育计划,完善和丰富德育课程、综合实践课程的供给,进行残奥教育的规划,形成知识、运动、文化、榜样、服务

"五位一体"的残奥教育实施模式。

（1）知识：开展主题教育活动，学习残奥会相关知识。

通过多种方式让学生了解残疾人奥林匹克运动和历史、北京冬残奥会理念、北京冬残奥会比赛项目、规则和观赛礼仪。

①利用各种残奥教育资源，学习残奥价值观。

我校利用北京冬奥组委提供的残奥教育教学资源《残奥价值观教育》中文版、《北京 2022 年冬奥会和冬残奥会公众读本：魅力冬奥》等通用教育材料，让同学们了解残奥运动和历史、冬残奥运动项目，并将残奥价值观融入教育教学。

加强线上教育资源推广，充分利用北京冬奥和冬残奥官方网站提供的残奥会教育活动相关文字、音频和视频资源，推动奥林匹克教育可持续发展。

②通过多元"讲堂"方式，学习丰富的残奥知识。

我校以"冬残奥有我"为主题，开展"学生冬残奥讲堂""教师冬残奥讲堂""专家冬残奥讲堂"，使全校师生从不同角度学习冬残奥知识和多元残奥价值观。例如，"学生冬残奥讲堂"，每周一下午在学校电视台播出。每次由一个班级负责介绍冬残奥会运动及其文化精神。孩子们通过搜集到的相关资料结合丰富多彩的图片、视频为全校师生进行讲解。

通过学生讲给学生听，专家、老师讲给学生听，学生们学习到了丰富的残奥知识。

（2）运动：实施残奥教育运动实践课程。

在第一阶段的残奥知识普及学习

后，借助体育课和模拟残奥会的形式，开展体验式教学。

① 模拟残奥会冰雪运动旱地化项目。

让学生模拟肢体残疾人进行旱地冰球（单脚跳）、旱地冰壶（模拟轮椅，坐在转椅上，手持推杆掷冰壶）、旱地雪车（单臂滑动雪车）、旱地单板滑雪（单臂背后滑行）、旱地滑轮（双手始终放在背后）等冰雪运动旱地化项目的体验。

通过体验和对比，学生们体会和以往旱地化项目完全不一样的技术动作，切身感受残疾人参与体育运动所面临的特殊困难，深刻认识到在肢体受限的情况下，残疾人运动员仍然坚持运动、不懈努力、追求卓越的可贵品质。

② 举行模拟冬残奥会，体验残疾人运动比赛项目。

在全体学生在体育课中体验各个项目后，学校创设情境，举行模拟冬残奥会，让学生们不仅模拟残疾人体验项目，而且在学生与学生、班级与班级之间开展相关项目的对抗赛。

有比赛就有竞争。在比赛中，学生们完全忘记了自己是模拟残疾人，都倾情投入。由于冰球要求单腿跳动去打球，很多学生都摔倒了，但是他们爬起来继续顽强比赛；旱地雪车项目中，有的雪车偏离了赛道，孩子们费劲地单臂调整方向，虽然已经不可能取得好成绩，但是依然坚持滑过终点，完成比赛。赛场上，同学们完美地诠释残疾人运动员的自强不息、顽强拼搏、挑战自我、永不放弃的精神。以共情的方式引导学生深刻理解才是建立在平等基础上对残疾人的关爱和帮助，改变学生对残疾人的认知和态度，增加他们对残疾人的包容、理解和尊重。

（3）文化：参与丰富多彩的冬残奥会文化体验活动。

我校充分挖掘、利用各种资源，开展更换冬残奥倒计时牌、观看东京残奥会、社区志愿服务等丰富多彩的残奥教育活动，引领学生树立正确的残奥价值观。

① 通过北京冬残奥会倒计时牌更换仪式，实现人人参与冬残奥会。

我校从冬残奥会前863天开始，一般每天由2名学生完成倒计时牌更换仪式。更换前，学生要在倒计时牌上写下当天的日期并签上自己的名字。活动目的是让全校师生关注北京冬残奥会。

② 观看东京残奥会，感受残疾人运动员的拼搏精神。

学校组织全校师生观看东京残奥会开幕式和各项比赛。一是引导学生体会赛场氛围；二是感受赛场上残疾人运动员的拼搏精神；三是向残疾人运动员学习，树立榜样，激励自己成长。

③ 通过设计奥林匹克教育标识，促进残奥教育可持续发展。

我校面向3~6年级学生征集奥林匹克教育标识，经过全校学生投票，最终评选出学校的奥林匹克教育标识。该标识将作为今后学校奥林匹克教育活动的重要标志。标识设计活动，让同学们对奥林匹克精神的理解进一步加深。

（4）榜样：学习残奥榜样的精神，形成自立自强的价值观。

体育，也是残疾人展示自我、丰富人生的舞台。每一枚奖牌背后都有一个拼搏的励志故事。

我校结合东京残奥会，向全校学生介绍中国残联主席、北京冬奥组委执行主席、中国残奥委会主席张海迪的成长故事和成就；邀请残奥冠军、全国劳动模范刘玉坤多次走进校园，进行事迹宣讲、参加学生开学典礼等活动。一个个真实而感人的榜样故事，不仅能培养学生勇敢面对挫折、自强不息、顽强拼搏的残奥精神，更让正处于自立自强的人生价值观形成关键期的孩子们，充满对榜样的敬意，种下平等、尊重、爱和顽强拼搏的种子。

（5）服务：学习残奥服务知识，做"小小冬残奥志愿者"。

古云：人无礼则不生，事无礼则不成，国家无礼则不宁。在北京冬残奥会上，如何向全世界展现中国小学生志愿者的风貌，如何与来自世界各国和地区的残疾人运动员得体、自然地相处和交流，平等、尊重的礼仪规范是学生需要掌握的技能。

① 加深学生对残疾人需求的认识。

在相关教育活动中，教育学生面对残疾人不能表现出优越感或居高临下的怜悯。眼睛近视的我们，虽肢体完整，但摘了眼镜寸步难行，跑不快、跳不高，也是一种"残疾"。生命的质量不能用肉体的状况来评判。内在生命的通俗名称叫精神。残疾人仍然拥有完整的内在生命，在生命本质的意义上，残疾人并不残疾。因此，残疾人真正渴望的不是帮助，而是一种平等、认可。对待残疾人要更多一些理解、关心和耐心，并掌握与其沟通的正确、恰当的基本方法和技巧。

② 教会学生帮助残疾人的基本方法和技巧。

残疾人大多已经建立自己的独特生活方式。在关心和帮助残疾人的时候，要先询问其是否需要相关特殊服务，须征得其同意，切不可强行或者过分热情，否则会让他们感到不舒服。

服务残疾人时细心也非常重要。身上多备一支笔和一张纸，遇到紧急情况时，即使没有专业知识，也可以顺畅地和聋哑人沟通，从而快速解决问题；与坐轮椅的残疾人交谈，如时间超过一分钟，最好采用蹲姿或者坐姿……

3. 残奥教育的价值分析

（1）能促进对学生的爱国主义教育。

我国残疾人运动员顽强拼搏，为国争光，已经连续四届残奥会荣获金牌榜第一名。他们展现出来的残奥精神是满满的正能量，更是别样的中国力量。这种力量让每一名学生都为之自豪，也感受到国家的强大。

（2）有利于促进对学生的生命教育。

什么是生命教育？也许生命教育有着各种各样的呈现形式。听一首歌是感受生命的律动之美；欣赏一幅画，是从视觉审美的角度打开生命的全新世界……生命教育就是以生命之间的相互引领作用，以生命影响生命，营造一种可持续生长的生命场域来促进生命的成长。

小学生可能会出现厌学、与父母沟通不畅、人际交往受阻、意志薄弱等问题。残奥会，让孩子们从与命运抗争的残疾人运动员身上，学会坚韧、勇敢、乐观，是对学生进行心理健康教育的最好平台，是认识生命真谛、加强生命教育的大课堂。

我校让全校师生观看东京残奥会和北京冬奥会，就是想让孩子们从中感受生命的尊严，感受一种非比寻常的力量和震撼；从与命运抗争的残疾人运动员身上，学会坚韧、勇敢；学会如何面对人与人之间的差异，在理解差异的基础上尊重这种差异；将自己和残疾人运动员对比，他们能创造一个个让人叹为观止的奇迹，我们有什么理由不能做得更好？有什么困难不能克服？生命如此美丽，应加倍珍惜与热爱。

"纸上得来终觉浅，绝知此事要躬行。"切实有效的生命教育，只有融入日常生活、身边的故事，以残疾人运动员为榜样，学生们在欣赏中更深刻地学会尊重、在感动中磨砺意志、在震撼中增强坚韧……学生们只有懂得生命不仅属于自己、生命只有一次，才懂得珍惜自己、关爱生命、自强不息、不轻言放弃，才能将其内化为信念和力量。

（3）促进学生顽强精神与品格的教育。

如果说奥运会是人类对运动极限的挑战，那么残奥会就是人类对意志和精神极限的冲击。在2020年东京残奥会乒乓球项目的赛场上，一名失去双臂、只能用嘴咬住球拍比赛的运动员出现在各社交媒体。他出现在赛场上的那一刻，就足以震撼所有人。每一位参加残奥会的运动员背后感人的励志故事，都能促进学生顽强精神的形成。他们不屈服于命运、顽强拼搏的精神会激励学生们不管今后遇到何种困难，都应有勇气直面挑战，永不言弃。

"我能"永远比"我赢了"更重要。这是残奥教育向学生们传递的理念。残奥会是他们树立正确价值观的最好课堂。在他们的眼中，残奥会很震撼，残奥会的比赛没有残缺，残疾人和健全人是平等的。残奥会之后，学校需要做的就是将这种教育继续进行下去，延伸到孩子们平时的学习生活中，通过知识学习与体验式活动相结合，促进残奥教育的可持续开展。

残奥教育，我们在路上。

4. 北京冬残奥会一周年暨我校第二届"模拟冬残奥会"

为纪念北京冬残奥会成功举办一周年，促进学校残奥教育持续开展，激励每一名学生学习残奥精神，树立心中的榜样，珍爱生命，关心关爱残疾人，成长为勇敢、自信、阳光、全面发展的小学生，2023年3月3日北京冬残奥会成功举办一周年暨学校第二届"模拟冬残奥会"在电厂路小学举行。全国劳动模范、巴塞罗那残奥会冠军、北京冬残奥会火炬手刘玉坤，和北京冬残奥会轮椅冰壶项目冠军闫卓受邀参加此活动。

七、举办首届"模拟奥运会(双奥会)"

从 2008 年到 2022 年，北京奥运会和北京冬奥会的成功举办，让北京成为世界上首个也是目前唯一一座双奥之城。两届无与伦比的奥运会让这座千年的历史文化古都焕发出勃勃生机，对于我校更是留下了丰厚的奥林匹克教育遗产。

1. 多元奥林匹克教育

从 2023 年开始，我校开展为期一个月的"模拟奥运会(双奥会)"。每年 6 月，依托六一儿童节、国际奥林匹克日(6 月 23 日)，开展火炬传递仪式、夏奥会和冬奥会运动项目模拟竞赛、系列"双奥"文化活动。这项活动，展示了学校奥林匹克教育成果，拓展了学生

对奥林匹克运动的了解和认识，让每一名学生都成为奥林匹克运动的传播者和传承者。

2. "模拟奥运会（双奥会）"的基础——体育教学

著名教育家张伯苓说："作为一名教育者，我们不仅要教会学生知识，教会学生锻炼身体，更重要的是要教会学生如何做人。"

卢梭在其名著《爱弥儿》中说："什么是最好的教育？最好的教育就是无所作为的教育：学生看不到教育的发生，却实实在在地影响着他们的心灵，帮助他们发挥了潜能，这才是天底下最好的教育。"体育，正是最基础、最好的教育。

（1）体育运动是进行奥林匹克教育的重要载体。

实践是奥林匹克教育可持续发展的首要环节，需要对实践路径进行探索。学校里，体育运动是进行奥林匹克教育的重要载体。体育与健康课程将运动能力、健康行为、体育品德作为学生培养的核心素养。体育课要打破原来单纯以体质提升作为基础的教学模式，要回到育人的根本，要树立健康第一的教育理念，帮助学生在体育锻炼中享受乐趣、增强体质、健全人格、锤炼意志。

（2）"教会、勤练、常赛"实现体育课的多功能育人。

实现体育课的多功能育人核心是竞技运动"教会、勤练、常赛"的融入，实施方式可以团队游戏为主，让学生感知合作、竞争、公平、自律团队型同场竞技运动对自己的教育价值比单一型运动项目更大。一节体育课是不是好课，孩子的反应会说话，第一层次是看孩子脸上有没有汗水，有汗水说明运动量达到了；第二层次，听有没有笑声，有笑声说明享受到了乐趣；第三层次，听有没有尖叫，有尖叫说明孩子们的激情被调动起来了，有触动才会有尖叫；更深层次的是看有没有泪水，委屈也好，感动也好，有泪水一定是触及了孩子们的心灵深处。

八、国家级、市级立项课题引领奥林匹克教育实施

在奥林匹克教育方面，电厂路小学写下了精彩的答卷。落地于电厂路小学的奥林匹克教育该怎样进一步服务于育人和学校的发展，是后冬奥时代研究的核心。

（1）奥林匹克教育基地校。我校于2021年9月成为北京教育学院体育与艺术教育学院奥林匹克教育基地校。在高校的引领下，我校持续推进奥林匹克教育的理论研究和实践。

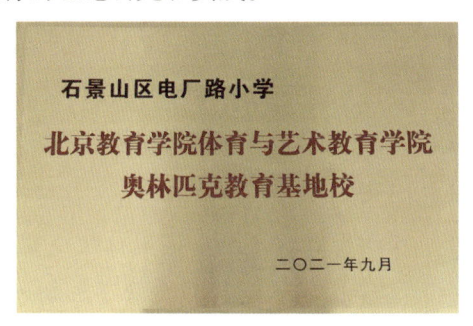

（2）冰雪运动推广示范基地。2022年5月，我校成为国家重点研发项目"科技冬奥"重点专项冰雪运动推广普及关键技术产品研发及示

范之冰雪运动推广示范基地。

（3）教育科研课题。

我校申报的课题"后奥运时代，奥林匹克精神融入学校教育实践的研究"，于 2022 年 7 月正式立项为北京市教育学会"十四五"教育科研 2022 年度课题，研究周期为两年。

我校系统总结了前期奥林匹克教育在校园中实施的经验和成果，并向全国推广和分享。后奥运时代，奥林匹克教育如何在校园内高质量发展，奥林匹克精神如何与学校整体办学相融合，需要通过高校的支持和引领，依托国家级、市级课题，不断挖掘奥林匹克教育的价值与内涵，深入研究奥林匹克教育全面纳入学校教育教学的新思路、新路径、新方法。

（4）奥林匹克教育系列读本展示成果。

北京冬奥会周期，我校编写的《冬奥带我看世界》《冬奥有我》系列读本,和《冰雪运动实践手册》等奥林匹克读本与学校的奥林匹克教育校本讲义,丰富了我校奥林匹克教育的课程资源。其中,《冬奥有我》系列读本是学校从2018年开始每学期编写一本,记录我校开展冬奥教育的历程。其编写从最初的方案设计、栏目设置到每一本的组稿、版面设计、编辑和校对,都力求图文并茂,每本都发放给全校师生阅读。

后冬奥时代,我校将依托课题研究,继续编写相关读本,充分发挥读本的宣传和培训功能,除向全校师生发放外,也向来宾、相关奥林匹克教育学校赠送,以弘扬奥林匹克精神,传播奥林匹克文化。

通过奥林匹克教育课题研究,做好成果转化。我校组建师生冬奥宣讲团,将奥林匹克教育读本中记录的学生参与文化活动、观看冰雪赛事的小故事和相关知识等,在校内外进行宣讲还以此建立奥林匹克教育资源库。

(5)开设"爱我家乡石景山"特色课程。

转化北京冬奥"红利","双奥之区"石景山迎来城市复兴。同时,我校扩展了育人空间和资源。作为石景山区的学校,我校开设了"爱我家乡石景山"特色课程。

我校利用每周一的升旗仪式,开展班级"爱我家乡石景山"课程学习成果展示活动。不同班级围绕"北京冬奥公园""一起向未来的城市复兴新地标——首钢""冬奥社区""西山永定河文化带""模式口历史文化街""法海寺"等不同的主题,通过诵读和讲故事的形式,配以视频和图片,向全校师生声情并茂地宣讲他们心中的石景山。这让学生们从小了解家乡，感受家乡的变化，更加热爱自己的家乡，激发作为一名石景山人的自豪感。

北京冬奥会结束将近一年半的时间里，在国家体育总局冬季运动管理中心等单位的大力支持下，我校持续开展奥林匹克教育，举行主题教育活动 40 余场，外出参加各项活动和竞赛 30 余次，接待中国宋庆龄基金会、台湾地区高雄市里长参访团等 20 多次进校园活动。我校的奥林匹克教育活动再上一个新台阶。

在 2023 年石景山区庆祝六一儿童节主题教育展演上，两名主持人都是来自电厂路小学的学生。作为一所只有 300 名左右学生的小学，这是值得我们骄傲和自豪的。"看见孩子 看见成长"，电厂路小学将沿着奥林匹克教育之路继续向前！

第四章　"小小冬奥博物馆"学生作品

电厂路小学"小小冬奥博物馆"是以北京 2022 年冬奥会、冬残奥会的举办为契机而建立的。

"小小冬奥博物馆"共分手工创意、非遗作品、微缩景观、冬奥征集、冬奥收藏、冬奥荣誉 6 个展区，有衍纸、泥塑、剪纸、绘画、毛猴、

纸绳、钻石画、橡皮印、编织、盘扣、掐丝珐琅、环创、刻纸、软陶、陶泥、豆画、布贴、纸贴、十字绣、沙画、叶画、书法22类350件藏品。

每一件藏品都见证了电厂路小学奥林匹克教育的从无到有和不断发展壮大，是学校冬奥教育的重要遗产，也是向全国和世界展示北京奥林匹克教育成果的一个窗口。

（1）泥塑藏品。

（2）剪纸藏品。

（3）绘画藏品。

（4）毛猴藏品。

（5）纸绳、橡皮印、钻石画、编织藏品。

第四章 "小小冬奥博物馆"学生作品

（6）盘扣、掐丝珐琅和环创藏品。

107

（7）刻纸、软陶、陶泥、豆画、布贴和纸贴藏品。

108

（8）十字绣藏品。

（9）沙画藏品。

（10）叶画藏品。

（11）书法藏品。

（12）签名服装藏品。

（13）奖杯藏品。

附　录　电厂路小学冬奥教育实践大事记
（2022—2023年）

2022年9月29日，石景山区"新时代好少年"发布会举行，学校"小小冬奥组委会"主席张金浩（男）作为首都"新时代好少年"参会，"小小冬奥组委会"主席姚月（女）现场接受颁奖。

2022年9月30日，薛东校长作为国家级受表彰人员参加天安门广场"烈士纪念日向人民英雄敬献花篮仪式"。

2022年10月1日，学校新一批"奥林匹克教育小达人"的靓照登上冬奥文化墙。

2022年10月31日，作为冰雪学校的代表，五年级（1）班林熙雅同学与冬奥会冠军武大靖一起参加中央电视台《开讲啦》节目录制。

2023年1月1日，学校第三本冬奥图书《我们与冬奥一起走过——奥林匹克教育"教科培"一体化的实践研究》发布。

2023年1月14日，学校高山滑雪队、鼓乐团参加冬奥社区冰雪季开幕式。

2023年2月2日，学校冰球队获得北京市第二届冬季运动会（群众组）陆地冰球比赛铜牌。

2023年2月4日，北京冬奥会开幕一周年暨寒假校园冰雪嘉年华活动在学校和冬奥社区滑雪场举行。

2023年2月5日，面向全校学生征集"北京冬奥一周年，立春元宵喜相连"为主题的绘画、手抄报作品，并通过学校公众号进行展示。

2023年2月12日，国际奥委会奥林匹克银质勋章、顾拜旦终身成就奖获得者巴尼先生收到电厂路小学编写的第二本和第三本冬奥图书。

2023年2月13日，新学期开学第一天，国际奥委会副主席萨马兰奇先生与师生亲切见面，并赠新学期寄语。

2023年2月13日，学校举行"牵手你和我 一起向未来"2022—2023学年度第二学期开学典礼暨学生学期综合表彰活动，中国U20男子冰球队队员受邀参加活动。

2023年2月14日，中央电视台《新闻1+1》栏目报道学校开学"新学期，'新'开始！"

2023年2月21日，学校组织25名学生参加"明日之星·2022—2023中国银行中国青少年滑雪公开赛"总决赛越野滑雪项目竞赛。

2023年3月1日，学校师生参加《第二十六届京张心连心》节目录制，现场和京张"姊妹校"——崇礼西甸子小学师生连线，约定继续开展冰雪项目志愿服务活动。

2023年3月3日，北京冬残奥会成功举办一周年暨学校第二届"模拟冬残奥会"举行，北京冬残奥会轮椅冰壶项目冠军闫卓、北京冬残奥会火炬手刘玉坤受邀参加活动。

2023年3月8日，2010年加拿大温哥华冬奥会短道速滑女子3000米接力冠军获得者张会到学校参观。

2023年3月10日，"高校引领 一起向未来"奥林匹克教育主题化系列课程进校园活动启动，中国中小学奥林匹克教育微学院同步开展核心研究工作——课程建设。

2023年3月13日，学校冰壶队参加在冰立方举行的纪念北京冬奥会、冬残奥会成功举办一周年活动暨"冰雪向未来"北京市中小学生冬奥场馆奥林匹克教育系列活动。

2023年3月26日，王馨墨、白欣妍同学代表石景山区参加北京市第二届冬季运动会冰壶比赛，分别荣获男子、女子青少年组第三名。

2023年4月1日，学校短道速滑队35名学生到首都体育馆观看全国短道速滑冠军赛，孩子们和中国冬奥冠军们再相聚。

2023年4月13日，一年一度的全校学生普及滑雪活动在乔波滑雪场举行。

2023年4月18日，石景山区"新课程理念下的跨学科主题（首钢）学习活动探索"研讨会在学校召开。

2023年4月28日，一年一度的全校学生普及滑冰活动在华星冰上运动中心举行。

2023年5月24日，台湾地区高雄市里长参访团一行到电厂路小学参访交流。来宾们观看空竹、鼓乐、武术等传统文化展示，参观"小小冬奥博物馆"，参与冰壶体验。

2023年6月1日，学校举行庆祝六一儿童节暨奥林匹克亲子活动，30个项目供全校学生和家长体验。

2023年6月2日，奥林匹克教育主题化系列课程——"古奥运"课程结束，学校举行模拟古奥运会（五项运动）。

2023年6月23日，石景山区国际奥林匹克日主题系列活动举办。薛东校长和包嬉同学被授予"冬奥社区建设突出贡献者"称号；学校举行冬奥冠军进校园、北京奥运博物馆进校园、国际奥委会"Let's Move（让我们动起来）"等活动。

2023年6月23日，薛东校长的文章《奥林匹克与教育紧密相连》被刊登在《北京日报》和《北京晚报》上。

2023年7月2日，薛东校长、张金浩同学分别作为成人代表和少先队员代表参加北京市第八次少先队代表大会。

2023年7月10日，学校越野滑轮、旱地冰球、旱地冰壶社团参加北京市中小学生冬季运动系列赛。

2023年7月16日，学校越野滑轮社团参加全国青少年四季滑雪挑战赛（NYSC）——越野滑雪（滑轮）挑战赛。

后　记

　　2022年4月16日,"冰雪向未来 荣耀再出发"中国冰雪之夜,57位来自电厂路小学的孩子登上首都体育馆的舞台,用天籁之音演唱《微微》和《歌唱祖国》。孩子们气定神闲的亮相、自如自豪的演唱,让现场的冬奥冠军们惊叹,也让我激动、感动、自豪、欣慰。他们让我收获了满满的教育幸福。

　　十年代表一个时代。作为一所学校的引领者,亲力亲为、执着前行是我对自己的评价。

　　十年中,我带领学校开展七年的奥林匹克教育,和优秀的教师团队创造性实施国家和北京市关于冬奥教育政策和课改要求,冬奥教育课程体系构建和课程开发始终走在全国前列,极大地丰富了冬奥文化遗产内涵,具有时代性、前沿性。

　　非凡七年,那些专属于电厂路小学的激情与感动、那些高光时刻和精彩瞬间,被定格在极不平凡而短暂的学校历史画卷中。

　　非凡七年,我们是奥林匹克教育的实施者、见证者,也可以自豪地说我们是中国中小学奥林匹克教育研究推广的"国家队"。这一经历让我们感到无比自豪和光荣,没有留下遗憾。

　　非凡七年,奥林匹克教育使电厂路小学蜕变,也成就了学生、教师和我。成绩和荣誉仅仅代表过去,作为全国奥林匹克教育示范学校,我们正在把丰厚的冬奥遗产转变为推动学校发展的新动能,继续书写"冰雪奇迹"。

后　记

书中图片由我和石晓军拍摄。在此向石老师表示感谢！

2023年6月23日，是第37个国际奥林匹克日。奥林匹克运动承载着人类对和平、团结、进步的美好追求。每年开展的国际奥林匹克日庆祝活动，是弘扬奥林匹克精神、传播奥林匹克理念、推广奥林匹克文化，共同构建人类命运共同体的重要平台。

后冬奥时代，践行北京冬奥精神，任重道远，需要每一个"你"和"我"汇聚起来的"我们"携手推进奥林匹克教育"一起向未来"。

北京市石景山区电厂路小学　薛东

2023年6月23日